KAWADE
夢文庫

その言葉、もう使われていませんよ

日本語倶楽部[編]

河出書房新社

カバーイラスト◉坂田優子
本文イラスト◉堀江篤史
協力◉オフィスGEN

もはや〝賞味期限切れ〟の日本語をチェック！——まえがき

昭和から平成、さらに令和へと時代が進むなか、日本語は変わり続けてきました。

たとえば、今「体育の日」などと言うと、「その言葉、もう使われていませんよ」と指摘されかねません。「体育の日」は2020年から「スポーツの日」に変わり、今後「国体」も「国スポ」に変わることが決まっています。

さらに、今の若者は「お勝手」という言葉をまず使いませんし、今の小学生は「はだ色」という言葉を知りません。

このように、ついこの間まで普通に使っていた言葉が、気がつくと死語・廃語になっているということが少なくないのです。

では、なぜ、日本語はそんなに変化し続けるのでしょうか？　その主な理由を挙げてみましょう。

（1）まずは、官公庁主導の用語変更です。前述の「スポーツの日」や「国スポ」

もその一例ですし、2021年からは「センター試験」も、「大学入学共通テスト（略称・共通テスト）」に名称変更されました。

（2）学者や研究者の提唱で、言葉が変わることがあります。たとえば、平成の間に「インシュリン」は「インスリン」に変わり、近年では「優性遺伝」が「顕性《けんせい》遺伝」に変更されました。

（3）さまざまな業界が〝イメージアップを図る〟などの理由から、言葉の言い換えを進めることもあります。たとえば、「競艇《きょうてい》」は「ボートレース」へ、「できちゃった婚」は「授かり婚」や「おめでた婚」への言い換えが、業界主導で進められました。

（4）ポリティカル・コレクトネスの観点から、世界的に、差別、とりわけ性差別の原因になると見られる言葉は、避けられるようになりました。「カメラマン」は「フォトグラファー」へ、「ビジネスマン」は「ビジネスパーソン」になるなど、すでに性別を含む職業名の多くが言い換えられています。

（5）近年、人名や地名、そのほかの外来語の発音や表記をなるべく「現地の発音に近づける」という方針からも、言い換えが進められてきました。たとえば、今の教科書では「リンカーン」は「リンカン」、「エジソン」は「エディソン」と表記されています。

（6）最後は時代の変化です。誰かが決めなくても、世の中が変われば言葉はどんどん変化していきます。本書の後半で紹介するように、慣用句や成句には、言葉自体の形は昔と同じでも、意味するところが変わりつつある言葉が多数あります。

本書に収めたのは、そうした変化した日本語、あるいは変わりつつある言葉です。「その言葉、もう使われていませんよ」と言われないよう、本書であなたの日本語の〝鮮度〟をチェックしていただければ幸いに思います。

日本語倶楽部

その言葉、もう使われていませんよ／もくじ

3章
「昔の名前」じゃ通じない！こんなに変わった地理用語

4章　最近の学生はこう教わる！　新しい歴史用語と人名

◉例えば「大化の改新」を今は何と言う？

5章　曖昧になりがちなカタカナ語を正しくアップデートする

◉例えば「インシュリン」を今は何と言う？

6章 言い換えられて当たり前！ 令和の時代、まず使わない言葉

◉例えば「化学調味料」を今は何と言う？

7章 〝本来の意味〟を知れば 使いづらくなりそうな日本語

◉例えば「さわり」は「話などの最初の部分」？

8章 正しいはずが、近ごろ〝誤用〟になりつつある言い回し

1章

これだけは押さえておきたい「廃語」と「言い換え語」

◉例えば「できちゃった婚」を今は何と言う？

1章で紹介するのは、諸般の事情で「言い換えられた言葉」です。かつて耳なじんでいた言葉はすでに廃語。今はどう言うのか、ご存じでしょうか？〔答〕は、この章のどこかにあります。

はだ色　スチュワーデス　専業農家

処女作　婦人警察官　カメラマン

登校拒否　帰化《きか》　父兄　下阪《げはん》

女房役　女々《めめ》しい　助教授　看護婦

「古いまま」ではマズい！　職業にまつわる言葉

助教授→〔　　　　　　〕

〔答〕准《じゅん》教授

2007年、「学校教育法」の一部が改正され、かつての「助教授」は「准教授」と呼ばれるようになりました。

同時に「助教」という新しい〝肩書〟も生まれました。かつての「助手」が研究者でありながら、その名称から教授のアシスタントのようなイメージでとらえられ、そのような実態もあったことから、まずは名称から改められました。

指導教官→〔　　　　　　〕

〔答〕指導教員

国立大学は、2003年の「国立大学法人法」制定後に国立大学法人とされ、大学教授は公務員ではなくなっています。「教官」の「官」の字は、公務員であることを表すので、現在の大学には国公立、私立を問わず「教官」は存在しません。

また、以前は、国公立大学では「教授を退官する」という表現が使われていましたが、今は公務員ではないため、「退官」「任官」という言葉も使わなくなっています。ただし、「博士論文の指導教官」などの言い方は慣習的に残っています。

なお、警察学校や自衛隊学校の〝先生〟は、変わらず公務員なので、今も「教官」と呼ばれています。

看護婦→〔　　　〕

〔答〕看護師

2002年、「保健婦助産婦看護婦法の一部を改正する法律」が施行され、かつての看護婦は「看護師」と呼ばれるようになりました。法律名にあるように、その法改正で、保健婦は「保健師」、助産婦は「助産師」になりました。

法律で決まっている国家資格なので、くれぐれも「保健士」や「助産士」と書かないように。

また、以前使われていた「看護士」は、看護婦が「婦」という漢字を含み、女性のみを表す言葉だったことから、男性用に使われていた言葉です。看護士も含む「看護師」という言葉の登場によって、姿を消しました。

レントゲン技師↓〔　　　　〕

〔答〕**診《しん》療《りょう》放《ほう》射《しゃ》線技師**

そもそも「診療放射線技師」が正式の職名・資格名であり、「レントゲン技師」は俗称。官庁やマスコミでは使いません。

婦人警察官↓〔　　　　〕

〔答〕**女性警察官**

昭和の頃は、婦人警察官を略して「婦警さん」と呼んでいましたが、1999年、男女雇用機会均等法改正の際に、「婦人警察官」から「女性警察官」へと正式名が変更されました。

保母、保父↓〔　　　　〕

〔答〕**保育士**

かつて使われていた「保母」という呼び名は、1948年に設けられた資格名。当初は女性しかなれませんでしたが、1977年、男性もこの資格を取れるようになり、一時は「保父」という通称が使用されていました。

さらに1999年、児童福祉法施行令の改正に伴って、「保母」から「保育士」に変更されました。

カメラマン→〔　　〕　〔答〕フォトグラファー

1980年代以降、ポリティカル・コレクトネス（差別や偏見《へんけん》を含まない言葉や用語を使用するという考え方）の観点から職業名の言い換えが世界的に進んできました。

それを代表するのが「マン」（男）のつく職業名で、今では言い換えるのが世界的な標準ルールになっています。たとえば、「ビジネスマン」は「ビジネスパーソン」、「ホテルマン」は「ホテリエ」（フランス語由来）という具合です。

カメラマンも、今は「フォトグラファー」か「写真家」に言い換えられています。そもそも「女性カメラマン」というのは、女性なのに「マン」という矛盾《むじゅん》を含むヘンな表現でした。

なお、最も先端的（極端？）な例を挙げると、アメリカ・カリフォルニア州のバークレーの市議会は、2019年、性差による区別のない表現に置き換える条例を可決。「マンホールやマンパワーも『マン』を含む」と、それぞれ「メンテナンスホール」「ヒューマンエフォート」へ言い換えることにしています。

スチュワーデス→〔　　〕

〔答〕CA《キャビンアテンダント》、フライト・アテンダント、客室乗務員

前項でも述べたように、1980年代から「性表現を含まない職業名」への言い換えが進められてきました。ご承知とは思いますが、これはその代表例です。「スチュワーデス」は女性名詞であるため、さまざまに言い換えられ、日本では、キャビン・アテンダントの略である「CA」が最もよく使われています。

ただし、これは海外では少数派の言葉で、世界的には「フライト・アテンダント」と「キャビンクルー」がよく用いられています。

女優→〔　　　　〕

〔答〕俳優

これも、職業名から性別をはずすため、「俳優」への言い換えが進みました。ただし、映画コンクールでは、今も「主演女優賞」などの言葉が使われるなど、「女優」と「俳優」が混在している状態です。

ＯＬ→〔　　　　〕

〔答〕女子社員、女性社員

オフィスレディ（ＯＬ）は和製英語。欧米では、もともと「オフィスワーカー」と性別に関係のない表現が主流でした。ジェンダー・フリー（社会的性別にこだわらない）の流れのなか、日本でも、マスコミは「ＯＬ」という表現を使わなくなっています。

お天気おねえさん→〔　　　　〕

〔答〕お天気キャスター

「お天気おねえさん」は、かつては放送業界でよく使われた言葉で、２０１３年にはまだ、『お天気お姉さん』というドラマがつくられていたくらいです。今の放送業界では、ほぼ〝死語化〟していますが、これもジェンダー・フリーの流れに沿った言い換えといえるでしょう。

なお、NHKの『おかあさんといっしょ』では、今も「うたのおねえさん」という言葉が使われています。

専業農家→〔　　〕　〔答〕主業農家

農家に関しては、「専業農家」と「兼業農家」という分け方がよく知られています。この分類法は今も使われていて、それぞれの定義は次のようになります。

・専業農家…世帯員のなかに、兼業従事者が1人もいない農家
・兼業農家…世帯員のなかに、兼業従事者が1人以上いる農家

ところが、この分け方だと、現状では大多数の農家が兼業農家になり、経営実態を見るにはほぼ意味のない分類になってしまいました。

そこで、1995年から、農水省では、「主業農家」「準主業農家」「副業的農家」の三つに分ける方法を中心にしています。その定義は、以下の通り。

・主業農家…所得の50%以上が農業所得で、1年間に60日以上農業に従事している65歳未満の世帯員がいる農家
・準主業農家…農業以外の所得が主で、1年間に60日以上農業に従事している65歳未満の世帯員がいる農家
・副業的農家…1年間に60日以上農業に従事している65歳未満の世帯員がいない農家
今は教科書でも、こちらの分類が使われています。

本屋→〔　　　　〕

〔答〕書店

近年、マスコミでは「本屋」を「書店」と言い換えるなど、「○○屋」という呼び方を避け、「○○店」と言うようになっています。その代表例を挙げましょう。
・魚屋→鮮魚店
・八百屋→青果店
・クリーニング屋→クリーニング店
・文房具屋→文房具店

・呉服屋→呉服店
・金物屋→金物店
・かばん屋→かばん店
・薬屋→薬局、ドラッグストア

ただし、そば店、うどん店、パン店、酒店に関しては、「日本語として、いかがなものか？」という声も挙がっています。

使用人→〔　　〕　〔答〕従業員、職員

現在では、その仕事を〝低く見る〟ような職業名の言い換えが進んでおり、たとえば「使用人」は「従業員」や「職員」、「売り子」は「店員」に言い換えられています。

ただし、法律用語としては、今も「使用人」が使われています。「会社法」では、会社に関わる人々を「取締役」と「使用人」に分け、「使用人」は、会社と雇用関係にあって会社の指揮・命令に従う人を指します。つまり、一般的な「社員」を、法律では「使用人」と呼んでいるわけです。

町医者→〔　　〕　〔答〕開業医

「町医者」は江戸時代、お城勤めの御殿医《ごてんい》に対し、町中で開業している医者を指した言葉。その後も、「町医者」という言葉には〝官尊民卑《かんそんみんぴ》〟的なニュアンスがつきまとい、今も大学病院などに勤める医師に対して、開業医を低く見るニュアンスを含んでいます。

そのため、現在は「開業医」という、よりフラットな言葉への言い換えが進んでいます。

ちょい役→〔　　〕　〔答〕脇役

「ちょい役」は、映画やドラマなどに、〝ちょいと〟だけ出る役者のこと。俳優自身が自分のことを「ちょい役」というのはＯＫでも、他人がそう呼ぶのは失礼にあたります。

同様に「端《は》役」も失礼なので、「脇役」や「バイプレーヤー」などと呼ぶといいでしょう。

ついうっかり…はNG! 差別的表現を言い換える

女々《めめ》しい→〔　　〕　〔答〕ふがいない

今は、女性への差別意識を感じさせる表現、男女格差を助長するような表現は、避けるのが常識。その代表例がこの言葉です。「ふがいない」や「意気地《いくじ》がない」、「柔弱《にゅうじゃく》」など、性別に関係のない言葉に言い換えるのが適切です。

ほかにも、「女だてらに」「職場の花」「女傑《じょけつ》」「才媛《さいえん》」「才女」など、女性であることをことさらに強調し、特別の意味をもたせる表現は、不適切な表現と見られるようになっています。

売れ残り→〔　　〕　〔答〕未婚、独身

未婚の女性を「売れ残り」と呼ぶのは、時代錯誤《さくご》的な表現。男性と同じように「独身」や「未婚」と表すのが適切です。当然、「オールドミス」や「出戻り」もNGです。

嫁に行く→〔　　　　〕

〔答〕結婚する

「嫁に行く」は、古くさい結婚観を感じさせる言葉。「家庭に入る」も同様に、相当感覚の古臭さを感じさせる言葉です。

女房役→〔　　　　〕

〔答〕補佐役

「女房役」は、女性が男性の補佐役であることを前提にした言葉。「補佐役」、あるいは「脇役」と言い換えるのが適切です。

父兄→〔　　　　〕

〔答〕保護者

昭和の時代には「父兄参観」「父兄の皆様」という言葉が当たり前に使われてきました。しかし現在、「父兄」という言葉は、性別と関係のない「保護者」に置き換えられており、今の学校では、「保護者会」や「保護者の皆様」といった言葉が使われています。

外人→〔　　〕

〔答〕外国人

ＮＨＫなどの放送局では、外国人のなかに「ガイジン」という呼び方に抵抗を感じる人がいるとして、使わないようにしています。いわゆる「外人墓地」も、「横浜外国人墓地」や「神戸外国人墓地」が正式名称です。

はだ色→〔　　〕

〔答〕うすだいだい、ペールオレンジ

１９９９年頃から、各クレヨンメーカーは「はだ色」という色名を「うすだいだい」や「ペールオレンジ」に言い換えてきました。

これは「はだ色」という言葉が、「肌の色とはこういう色なんだ」という先入観を子供たちに与えかねないため、人種問題的な観点から不適切だと判断されてのことです。

なお、「ペール（pale）」は、色について「薄い」や「淡《あわ》い」を表す形容詞。「ペールオレンジ」は、薄いオレンジ色のことです。

文盲《もんもう》→〔　　　〕

〔答〕無筆

文字の読み書きができないことを表す言葉ですが、近年、視覚障害者への配慮から、マスコミでは「盲」という漢字を含む熟語は使わないようになっています。「文盲」のほかにも、「盲点」は「気がつきにくい点」、「盲信」は「妄信」などへと言い換えられています。

下阪《げはん》→〔　　　〕

〔答〕大阪に行く

「下阪」のような、東京以外の地域を低く見る表現は、避けられるようになっています。一方、「上京」は今も使われています。

表日本→〔　　　〕

〔答〕太平洋側

日本海側の地域を「裏日本」と呼ぶのは、今では非常識とされています。それに関連して、太平洋側を「表日本」というのも避けるのが常識になっています。

「よくよく考えると不適切」な言葉を言い換える

処女作→〔　　　〕　**〔答〕第一作**

あえて性的な表現にする必要もないため、新聞社などのマスコミでは、「初めて」という意味で「処女」という言葉は使わないことにしています。「処女航海」「処女小説」「処女作品」「処女峰」などといった表現は、少なくともマスコミでは死語化しています。

できちゃった結婚→〔　　　〕　**〔答〕授かり婚**

「できちゃった結婚」やその略語の「でき婚」は、イメージのいい言葉とはいえないため、ブライダル産業を中心に「授かり婚」への言い換えを進めています。「おめでた婚」という言い換えも見かけます。

囚人→〔　　　〕

〔答〕受刑者

「囚人」は、刑事訴訟法では「被収容者」、一般的には「受刑者」と呼ばれています。かつての「囚人服」も、今は「受刑者服」と言うのが普通です。

登校拒否→〔　　　〕

〔答〕不登校

今、教育関係の専門家たちは「不登校」を使っています。かつては「登校拒否」とも呼ばれていましたが、学校に通えない生徒・学生の多くは、登校を〝拒否している〟わけではなく、いじめなどが理由で学校に通えないのが実情。そこで、「登校拒否」という表現が避けられ、「不登校」に言い換えられました。

帰化《きか》→〔　　　〕

〔答〕国籍を取得する

「帰化」とはもともと「王の徳に帰服《きふく》する」という意味の言葉。今も「帰服する」というニュアンスが消えたわけではないため、マスコミなどでは「帰化」という言葉を避け、「国籍を取得する」と言い換えています。

歴史用語の「帰化人」も今は「渡来人《とらいじん》」に言い換えられています。一方、「帰化植物」（自生地とは別の地域で繁殖するようになった植物）はそのまま使われています。

鮮魚盛り→〔　　　　〕

〔答〕刺し身盛り

外食産業では、「食品偽装」問題とからんで、近年、メニュー名の言い換えを進めています。例を挙げると、ある大手居酒屋チェーンでは、「鮮魚盛り」を「刺し身盛り」に変更しました。刺し身の一部に冷凍魚も含まれるという理由からです。

また、ある大手外食チェーンでは、「生姜《しょうが》焼き」を「生姜だれ（御膳）」のように言い換えています。工場（セントラルキッチン）で下ごしらえをしたものを、各店舗でチンして提供しているので、焼いているわけではないという理由からです。

積み残し客→〔　　　　〕

〔答〕乗り切れない客

「積み残し」は、荷物に対して使う言葉であり、「積み残し客」というと、乗客を荷物扱いするようで不適切ということで、マスコミでは「乗り切れない客」などに言い換えています。

人質を釈放→〔　　〕

〔答〕人質を解放

「釈放」は、拘束されている者を自由にすること、とくに刑事施設に収容されている者の拘束を解くという意味。「人質」は、法的に拘束されているわけではないので、「釈放」という表現は不適切という理由から、マスコミなどでは「解放」に言い換えています。

大文字焼き→〔　　〕

〔答〕大文字の送り火、五山の送り火

「大文字焼き」は、松明《たいまつ》などの火で「大」の字の形を表す行事の俗称。しかし、本場の京都では、先祖を彼岸へと送る「送り火」として行うことから、「大文字の送り火」「五山の送り火」と呼ぶため、近年は他地域でもこれに合わせて言い換えが進んでいます。

ビミョーに古いカタカナ語を言い換える

カモフラージュ→〔　　〕　〔答〕カムフラージュ

偽装や迷彩など、敵の目をあざむく手法のこと。もとはフランス語で、camouflageと綴《つづ》ります。

かつては、その綴りから「カモフラージュ」と発音されていましたが、今は原音に近づけるため、多くの辞書は「カムフラージュ」を見出し語にしています。マスコミも「カムフラージュ」に統一しています。

レジメ→〔　　　〕

〔答〕レジュメ

概要や要約という意味のフランス語ですが、日本では、要旨や内容をまとめた書類や配付物を意味します。綴りはrésuméで、発音は「レジュメ」に近い音。以前は「レジメ」と発音されましたが、今は「レジュメ」と発音されることが多い言葉です。

カンファレンス→〔　　　〕

〔答〕コンファレンス

検討会議や協議会のこと。綴りはconferenceで、辞書によって「カンファレンス」か「コンファレンス」か、見出し語が違うなど表記が揺れている言葉です。

今は「コンファレンス」が優勢になりつつあるものの、病院では症例会議という意味で「カンファレンス」を使っています。

アテレコ→〔　　　〕

〔答〕アフレコ

「アフレコ」は、アフター・レコーディングの略で、映画やテレビで、映像を先に撮影し、後から声や音を録音する手法のこと。
「アテレコ」は、それを「当てレコ」ともじった和製の芸能用語でした。以前は放送業界でよく使われていましたが、今は本来の「アフレコ」を使うようになっています。

フラダンス→〔　　〕

〔答〕フラ

「フラ」(hula)は、ハワイ語で「舞踊」や「ダンス」という意味。そのため、「フラダンス」は〝ダンスダンス〟といっているような重複表現になります。
日本でも、ダンス業界では、以前から「フラ」と呼ばれていました。映画『フラガール』(2006年公開)がヒットしたあたりから、一般にも「フラと呼ぶのが正しい」と認識する人が増えています。

ファックス→〔　　〕

〔答〕ファクス

ファクシミリの短縮語。faxと綴り、英語の発音は「ファクス」に近い音です。

近頃は、促音《そくおん》（小さい〝ッ〟のこと）は、原音ではっきり発音する場合以外は省く傾向にあり、「ファックス」は「ファクス」へ変化しました。

ただし、近年は文書をメール添付で送ることが普通になり、「ファクス」も死語化しつつありますが。

2章

◉例えば「センター試験」を今は何と言う?

政治・行政、経済、スポーツ…各界の「旧語」と「新語」

本章で紹介するのは、各業界から「姿を消した言葉」です。令和の今は、どう言うのかご存じでしょうか？〔答〕は、この章のどこかにあります。

四大工業地帯　官製はがき　体育の日　職安

センター試験　ローマ法王　軍法会議　ℓ

異常乾燥注意報　劣性遺伝　カロチン　成人病

競艇《きょうてい》　国体　（プロ野球の）主審　日本体育協会

大人ならマストな政治・行政用語の言い換え

失業保険→〔　　　〕

〔答〕雇用保険

「雇用保険」は失業した人に一定の期間、給付金を支給する制度。1947年に施行された失業保険法は、75年に雇用保険法に改められ、以後は「雇用保険」が正式名称です。「失業手当」も、その後は正式には「基本手当」と呼ばれています。

ただし、「雇用保険」に変更されてから半世紀近くたった今も、一般では「失業保険」という表現が生き残り、ネットでもごく普通に使われています。それくらい、端的でわかりやすい言葉だからでしょう。

職安→〔　　　〕

〔答〕ハローワーク

「ハローワーク」は、公共職業安定所の愛称。1990年から使われている言葉です。かつては「職安」という略称が使われ、今も使ってはいけないというわけではありません。ただ、現在は「ハローワーク」に押されて、その使用頻度《ひんど》は年々少なくなり、メディアでも使われない言葉になっています。

駐日大使館→〔　　　〕　〔答〕在日大使館

現在、多くのマスコミでは、人の大使は「駐日大使」と呼んでいますが、建物の大使館は「駐日大使館」ではなく、「在日大使館」と呼んでいます。そもそも言葉の意味として、「駐日」は日本に一時的に駐在しているという意味であり、「在日」は日本にずっと存在しているという意味。

そのため、人間である「大使」は一時的に日本に駐在しているので「駐日大使」と呼ぶのがふさわしいが、建物である「大使館」はずっと存在するので「在日大使館」と呼ぶのが適切、という考え方からです。ただし、一般的には混在しています。

日露関係→〔　　　〕　〔答〕日ロ関係

「日露外相会談」ではなく「日ロ外相会談」というように、近年、マスコミでは、ソ連崩壊後のロシアを「露」ではなく、「ロ」と略します。
一方、1917年のロシア革命前の帝政ロシアは「露」で表すため、「日露戦争」と書く場合は今も「露」が使われています。

センター試験→〔　　　　〕

〔答〕大学入学共通テスト

今どき「共通一次」と言う人はいないでしょうが、令和の今、「センター試験」も過去のものになろうとしています。2021年1月からは、センター試験に代わって「大学入学共通テスト」が実施されています。こちらは、一般的には「共通テスト」と略されます。

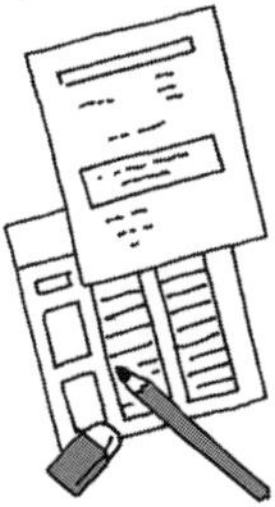

足切り→〔　　　〕　**〔答〕2段階選抜**

かつて、大学入試をめぐっては「足切り」という言葉がよく使われていましたが、その後、NHKなどでは「語感が強すぎる言葉」として、「2段階選抜」や「予備選抜」に言い換えています。

(国名の)ヴ→〔　　　〕　**〔答〕ブ**

2019年4月から、外務省は、国名の表記に使っていた「ヴ」を「ブ」に変更しました。そのため、カリブ海の島国「セントクリストファー・ネーヴィス」は「セントクリストファー・ネービス」に。アフリカ西部の島国「カーボヴェルテ」は「カーボベルテ」に表記が変更されました。

老人→〔　　　〕　**〔答〕高齢者**

官公庁やマスコミは、「老人」を「高齢者」に言い換えてきました。かつては、官公庁も「老人」という言葉を使い、「老人保健法」という法律があったくらいです。その後、同法も大改正され、今は「高齢者の医療の確保に関する法律」という名になっています。

NHK教育テレビ→〔　　　〕

〔答〕Eテレ

NHKでは、2011年から「NHK教育テレビ」のチャンネル名を「Eテレ」に変更しています。この「E」は、NHKによると、Educational（教育）に加えて同局が取り組むEcology（自然保護）の意味があるそうです。

官製はがき→〔　　　〕

〔答〕郵便はがき、通常はがき

かつては「私製はがき」に対して、国がつくったはがきを「官製はがき」と呼んでいました。その後、郵政事業が民営化され、「官」ではなくなったため、今は「官製はがき」という言葉は使われていません。

現在、日本郵便が発売しているはがきは「郵便はがき」と呼ばれています。また、

63円の普通のはがきは、往復はがきなどと区別するため、「通常はがき」とも呼ばれています。

首班指名→〔　　〕

〔答〕首相指名

「首班」は、普通名詞としては「第一の席次」という意味。日本では、おおむね「首相」を指す言葉として使われてきました。

この「首班」は、戦前の「内閣官制」という内閣の運用規則にも登場した言葉で、戦前は総理大臣のことを「各大臣の首班」と呼ぶことがありました。そこから「首班指名」という言葉が使われてきました。

しかし、戦後の法律には「首班」という言葉は登場しません。そのため、今の新聞やテレビは、「首班指名」ではなく、「首相指名」と表しています。

ローマ法王→〔　　〕

〔答〕ローマ教皇

2019年11月、外務省は、フランシスコ法王の来日に合わせて、これまで「ローマ法王」としてきた呼称を「ローマ教皇」に変更すると発表しました。ただし「ローマ法王」を使っても、問題はないとしています。

それ以前から、カトリック中央協議会では「正式名称はローマ教皇」としてきたのですが、日本で「ローマ法王」が使われてきたのは、はるか以前から「法王」という言葉が使われてきたことに原因があったようです。たとえば、幕末に編纂《へんさん》された英和辞書では、Popeの訳語が「羅馬《ローマ》法王」であったことが確認されています。

その後、バチカン市国の大使館が設けられた時期には、「法王」という呼称がすでに一般化していたため「ローマ法王庁大使館」という名称になり、以後、日本では「法王」が使われてきたという経緯がありました。

軍法会議→〔　　〕

〔答〕軍事裁判

「軍法会議」は、軍隊に適用される特別法（軍法）に基づく裁判のこと。今の日本には、そもそも軍法がなく、むろん軍法会議もありません。

また、「軍法会議」は、戦前の日本軍が使っていた言葉であり、現在の外国の軍隊の裁判を「軍法会議」とは呼びません。「軍事裁判」を使います。

いつの間にか変わっていた経済用語

四大工業地帯→〔　　　　　　〕

〔答〕三大工業地帯

20世紀の教科書では、「四大工業地帯」という言葉が使われていました。京浜《けいひん》、中京、阪神、北九州の各工業地帯の総称です。

ところが、最近の教科書では「三大工業地帯」に減っています。京浜、中京、阪神の三工業地帯を指す言葉で、北九州工業地帯ははずされたのです。

かつて北九州工業地帯は、八幡《やはた》製鉄所を中心とする重要な重工業地帯でした。しかし、日本経済全体に占める比率は年々下がり、日本を代表する工業地帯の座からすべり落ちたというわけです。

北海ブレンド石油→〔　　　　　　〕

〔答〕北海ブレント石油

これは、名前が変わったわけではないのですが、日本人が「ブレンド」と誤って覚えやすいため、「ブレント」という正しい表記を見ると、「変わったの?」と思いがちな言葉です。

石油が液体であることから、「ブレンド」という勘違いが生じやすいのかもしれません。

「ブレント」は、イギリス領の北海油田のうち、最大の生産量をもつブレント油田のこと。「北海ブレント石油」は、国際的な原油価格の指標となる原油であるため、石油価格が乱高下《らんこうげ》したときなどに経済ニュースでよく耳にする言葉です。

三菱東京UFJ銀行→〔　　〕

〔答〕三菱UFJ銀行

バブル崩壊以後、銀行名は頻繁に変わってきましたが、この日本最大級の銀行の名は、近年も変更されました。2018年4月から「東京」がはずれ、「三菱UFJ銀行」に変更されています。これで、かつての「東京銀行」の名は消えることになりました。

一方、三菱UFJフィナンシャルグループという場合には、もともと「東京」が入っていませんでした。

いくつ知ってる？ 名前が変わったいろいろな日

祭日→〔　　　　〕 **〔答〕祝日**

そもそも「祝日」と「祭日」の違いをご存じでしょうか？ 「祭日」は、戦前、国家的な行事として行われていた皇室の祭祀《さいし》の日を表す言葉。戦後は「国民の祝日」が制定され、制度上「祭日」はなくなっています。「祝祭日」という言葉も、官公庁やマスコミでは使いません。

終戦記念日→〔　　　　〕 **〔答〕終戦の日**

一般的には「終戦記念日」という言葉が使われていますが、「敗戦」は〝記念〟するようなことではないため、マスコミでは「終戦の日」という言葉を使っています。

一方、日本政府は「戦没者を追悼《ついとう》し平和を祈念《きねん》する日」とすることを閣議《かくぎ》決定し、全国戦没者追悼式を催しています。なお、8月15日はお盆の時期にあたるため、休日の人が多いのですが、「国民の祝日に関する法律」で定められた「国民の祝日」ではありません。

みどりの日→〔　　〕

〔答〕昭和の日

昭和の時代、天皇誕生日だった4月29日は、平成の間に名前が二度変わりました。１９８９年から２００６年までは「みどりの日」と呼ばれ、２００７年からは「昭和の日」が正式名称です。それに伴い、２００７年からは、5月4日が「みどりの日」になりました。それまで、この日は「国民の休日」という名前でした。

体育の日→〔　　〕

〔答〕スポーツの日

10月の第2月曜日だった「体育の日」は、２０２０年から「スポーツの日」という名前に変更されています。同年は、東京オリンピック・パラリンピック開催が予定されていたこともあって、世界的に使われている「スポーツ」に変更されることになりました。

今こそアップデートしたい医学用語

伝染病→〔　　　　〕 **〔答〕感染症**

1999年に「伝染病予防法」が廃止され、現在の「感染症の予防及び感染症の患者に対する医療に関する法律」（略称・感染症法）へ受け継がれました。その後、「伝染病」から「感染症」への言い換えが進み、2020年からのコロナ禍《か》でも、もっぱら「感染症」が使われています。

一方、「動物」の世界では、依然として「家畜伝染病予防法」（略称・家伝法）という法律があり、「伝染病」という言葉が生き残っています。

保菌者→〔　　　　〕 **〔答〕キャリア**

「保菌者」も「キャリア」も、ともに感染症の病原体を体内にもつが、まだ発症していない人を表す言葉。かつては「保菌者」と呼ぶのが一般的でしたが、今は「キャリア」への言い換えが進んでいます。

とくに、ウイルス性感染症の場合は、「キャリア」が使われています。ウイルスは「細菌」ではないので、「保菌」という言葉がふさわしくないためです。

〔予防接種の〕副作用→〔　〕

〔答〕副反応

最近のワクチンの予防接種のニュースでは、「副作用」ではなく「副反応」という言葉をよく聞きます。じつは、どちらも「薬に対する有害な反応」という意味であり、厳密には違いはありません。

じつは30年ほど前から、国や専門家は、ワクチン接種後に起きる症状を「副反応」と呼びはじめています。現状は、薬の場合は「副作用」、予防接種の場合は「副反応」と使い分けられています。

ただ副反応は、因果関係が確定した印象を与えるため、厚労省は5年前ほどから「副反応疑い」という言葉も使いはじめています。「疑い」が付けば、因果関係が不明な症状も含まれることが明確になるので、今後は「副反応」と「副反応疑い」の使い分けが定着しそうです。

盲腸炎《もうちょうえん》→〔　〕

〔答〕虫垂炎《ちゅうすいえん》

「虫垂」は、盲腸から突き出した指状の部分。炎症を起こしやすく、その炎症を医学的には「虫垂炎」と呼びます。それを「盲腸炎」と呼ぶのは間違いなのですが、「虫垂」が盲腸のそばにあるため、長くそう呼ばれてきたというのが実情です。

成人病→〔　〕

〔答〕生活習慣病

以前は、厚生労働省でも「成人病」と呼んでいましたが、そのように総称される病気にかかるのは、「年齢よりも生活習慣に原因がある」という見方から、名前が変更されました。糖尿病や高血圧などのかつての「成人病」は、今は「生活習慣病」と総称されています。

厚労省の定義によると、生活習慣病とは「食習慣、運動習慣、休養、喫煙、飲酒等の生活習慣が、その発症、進行に関与する症候群」。ただし、一般社会では「成人病」というわかりやすい表現が、今も生き残っています。

バセドー氏病→〔　　〕　〔答〕バセドウ病

「バセドウ病」は、甲状腺の機能亢進《こうしん》症を起こす病気。ドイツ人医師のバセドウによって発見されたことから、以前は「バセドー氏病」と呼ばれていましたが、今は「氏」を省いたうえ、「バセドー」ではなく「バセドウ」と表記するようになっています。

また「パーキンソン氏病」や「ハンセン氏病」も、近年は「氏」をつけなくなり、「パーキンソン病」や「ハンセン病」と呼ばれています。

優性遺伝→〔　　〕　〔答〕顕性《けんせい》遺伝

「優性遺伝」や「劣性遺伝」という言葉は、遺伝子の特徴の現れやすさを意味する言葉。ところが、一般には「優《すぐ》れている遺伝」や「劣《おと》っている遺伝」という意味に誤解されやすい面がありました。

そこで誤解を払拭《ふっしょく》するために、日本遺伝学会では、「優性」を「顕性」（現れやすいという意味）、「劣性」を「潜性《せんせい》」（現れにくいという意味）に言い換えることにしています。

脳溢《いっけつ》血→〔　　　　〕 〔答〕脳出血

「脳出血」は脳の血管が破れ、脳の中で出血した状態のこと。かつては「脳溢血」という言葉が使われていましたが、今は医学用語としては「脳出血」が使われています。

ＮＨＫなどの放送局もそれに準じ、広辞苑などの辞書も「脳出血」を見出し語にしています。

エイズに感染する→〔　　　　〕 〔答〕ＨＩＶに感染する

ＨＩＶ（ヒト免疫不全ウイルス）はウイルスの名前であり、それに感染して発症する病気がエイズ（ＡＩＤｓ、後天性免疫不全症候群）です。

したがって、「エイズに感染する」という言い方は間違い。「ＨＩＶに感染し、その後、エイズを発症する」というのが、正しい表現です。

痴呆症《ちほう》→〔　　　〕

〔答〕認知症

20世紀には、「老人ボケ」の言い換えとして、「痴呆症」が使われていましたが、2004年、厚生労働省の用語検討会で「認知症」に言い換えるという報告書がまとめられました。

それをきっかけに、まず医学界で「認知症」という言葉が使われはじめましたが、それが早くに社会全体に広まって、現在ではほぼ言い換えが完了した状態になっています。

日射病、熱射病→〔　　　〕

〔答〕熱中症

「熱中症」は、高温下で長く過ごすなどして、体温調節がうまくいかなくなり、意識障害などを起こす症状。以前は「日射病」や「熱射病」という言葉をよく耳にしましたが、太陽光や熱に直接触れないでも起きうる症状なので、今は「熱中症」が使われています。

そういえば話題になっていた、新しい科学用語

カロテン→〔　　　　〕　〔答〕カロテン

「カロテン」は、動植物に含まれる色素で、動物の体内でビタミンAに変化する物質。かつては「カロチン」と表されていましたが、２０００年、政府の「食品標準成分表」の表記が「カロテン」に改められました。その後、メディアでも「カロテン」を使うようになっています。

異常乾燥注意報→〔　　　　〕　〔答〕乾燥注意報

昭和の時代には「異常」がついていたのですが、昭和が終わる直前の１９８８年4月1日から、「異常」のとれた「乾燥注意報」が使われています。

冬場の太平洋側は毎日が乾燥している状態。「異常」というのは不適切とされたのです。同じ年に「異常低温注意報」も「低温注意報」に変わっています。

休火山→〔　　〕　　**〔答〕活火山**

以前は、「休火山」（今は活動していないが、過去に活動した記録が残っている火山）や「死火山」（歴史時代に入ってからの活動記録がない火山）のように、火山を分類していました。

しかし、その後、火山の活動期間の長さを考えれば、歴史時代になってからの噴火活動で分類することが無意味ということがわかり、休火山や死火山という言葉は、今は使われていません。

火山帯→〔　　〕　　**〔答〕火山列**

かつて日本の火山は、富士火山帯や那須《なす》火山帯など、七つの「火山帯」に分けられていましたが、今では、専門的にはこうした分類は使われていません。

また、「火山が連なる地帯」という意味の普通名詞としての「火山帯」も、「火山列」への言い換えが進んでいます。

核爆弾→〔　　　　〕

〔答〕核兵器

「核爆弾」は、爆撃機から落とすタイプの原爆と水爆の総称。しかし、今は「核兵器を爆撃機から落とす」という戦術自体が姿を消し、核弾頭はミサイルに搭載《とうさい》して発射するものとなっています。そのため、核爆弾ではなく「核兵器」と総称されています。

ニッカド電池→〔　　　　〕

〔答〕ニカド電池

「ニカド電池」は、陽極にニッケル化合物、陰極にカドミウムを使い、繰り返し充電できるアルカリ電池のこと。正式名は「ニッケル・カドミウム蓄電池」で、「ニッカド」はその略ですが、近年は「ニカド」という表記が増え、辞書もこちらを見出し語にしています。

小さな〝ッ〟をはさむ「ニッカド電池」が商標登録されていることが関係していると見られます。

絹雲《けんうん》→〔　　〕

〔答〕巻雲

「巻雲」は上層の空に繊維状にかかる雲で、天気が崩れるとき、最初に現れることが多い雲です。

かつての当用漢字表では、「巻」に「けん」という音読みが採用されていませんでした。そのため、気象庁では「絹雲」を使っていました。しかし、その後、常用漢字表の採用で漢字制限がゆるめられ、気象庁は「絹雲」ではなく「巻雲」を使うようになりました。

水金地火木土天海冥《すいきんちかもくどてんかいめい》→〔　　〕

〔答〕水金地火木土天海

太陽系の惑星は、かつては冥王星を含めて九つでした。しかし、2006年の国際天文学連合の会議で、冥王星が準惑星に格下げされ、太陽系の惑星は八つになりました。

そこで、「水金地火木土天海冥」という太陽系の惑星名の暗記法も、「冥」が消えて「水金地火木土天海」となったというわけです。

双葉《ふたば》→〔　　　〕

〔答〕子葉《しよう》

一般的には、植物が芽を出して最初に出る葉を「双葉」と呼び、理科の教科書にも、そう記載されていました。ところが、今の理科の教科書では「子葉」と記載されています。

トウモロコシやネギなどの最初の葉は、「双葉ではなく、一枚であるため」というのがその理由です。

草食恐竜→〔　　　〕

〔答〕植物食恐竜

かつて恐竜が地球上を闊歩《かっぽ》していた時代には、現代人がイメージするような「草」（被子植物、とりわけイネ科の植物）は、まだ生えていませんでした。そこで古生物学会では、「草食」という言葉は不適切として「草食恐竜」を「植物食恐竜」に言い換えています。

アパトサウルス（その一部）→〔　　〕

〔答〕ブロントサウルス

「ブロントサウルス」は、ジュラ紀に生息した恐竜の名。１８７９年に発見され、「ブロントサウルス」と名付けられたのですが、その後「アパトサウルス」と同種とされ、学術用語としては、いったんは「ブロントサウルス」という名は使われなくなっていました。

しかし、２０１６年になって、ブロントサウルスとアパトサウルスは別種だったことがわかり、その名が再び使われるようになっています。

エチゼンクラゲ→〔　　〕

〔答〕大型クラゲ

「エチゼンクラゲ」は世界最大級のクラゲで、１９２０年、福井の水産試験場の所長が発見したことから、そう命名されました。

一時は放送でも、その名をよく耳にしましたが、このクラゲが越前地域のみで発生しているわけではなく、また福井県の水産課からの言い換え要請もあって、今、放送では「エチゼンクラゲ」という名は使われなくなっています。

いつの間にか変わっていた単位の名

ℓ（リットル）→〔　　　〕　〔答〕L

昭和の頃は、容積単位の「リットル」は、日本では「ℓ」（筆記体の小文字）で表していました。しかし、今は大文字の「L」に変わっています。

これは、世界標準の国際単位系（ＳＩ）の表記に合わせたため。小文字の「l《エル》」が数字の「1《いち》」に似ていてまぎらわしいことから、大文字の「L」が採用されたのです。２００６年以降、日本の教科書でもそう変更されています。そのため今は、ミリリットルは「ｍＬ」、デシリットルは「ｄＬ」と書くのが正式です。

kw、KW（キロワット）→〔　　　〕　〔答〕kW

これは、変わったわけではないのですが、もともと誤記されることが多いため、正しく書くと、「変わった」と感じるパターンです。

電力を表す単位の「ワット」は、大文字の「W」で表すのが国際ルール。一方、「キロ」は小文字の「k」で表すため、「キロワット」は「kW」と小文字と大文字を交ぜて書くのが、正しい表記です。

pH（ペーハー）→〔　　　〕

〔答〕ピーエッチ

「pH」は、酸性、中性、アルカリ性を表す水素イオン指数のこと。当初はドイツ語由来で「ペーハー」と読まれていましたが、1957年にはすでにJIS（日本工業規格）が「ピーエッチ」を正式名称と定めていました。

その後も一般では「ペーハー」が長く使われていましたが、さすがに近年は「ピーエッチ」が優勢になっています。

いつの間にか変わっていたスポーツ用語

国体→〔　　　〕

〔答〕国スポ

2023年から、「国民体育大会」は「国民スポーツ大会」に名称変更されることが、すでに法改正によって決められています。略称も、長年親しまれてきた「国体」から「国スポ」への変更がすでに決まっていますが、この名称、果たして定着するでしょうか？

スポーツマン→〔　　　〕

〔答〕アスリート

前述したように、性別に関係のない言葉への言い換えが進むなか、「スポーツマン」は「アスリート」に言い換えられてきました。もともと、アスリート（athlete）は運動選手のなかでも、主に陸上競技の選手を意味する言葉でしたが、現在では「スポーツマン」と同様、運動選手の総称として使われるようになっています。

自殺点→〔　　　　〕

〔答〕オウンゴール

「オウンゴール」は、主にサッカーで、ボールを味方のゴールに入れてしまい、失点すること。日本では長く「自殺点」と呼ばれていましたが、1994年、日本サッカー協会が英語由来の「オウンゴール」と呼ぶこととし、その後はこの名で定着しています。

ロスタイム→〔　　　　〕

〔答〕アディショナルタイム

そもそも「ロスタイム」は和製英語で、日本以外では使われていなかった言葉でした。そのため2010年、日本サッカー協会が「アディショナルタイム」に統一し、今はサッカー中継でも「アディショナルタイム」が使われています。

大リーグ→〔　　　　〕

〔答〕メジャーリーグ

『巨人の星』の「大リーグボール養成ギブス」など、昭和の時代には「大リーグ」

と呼ばれていましたが、平成の間に、徐々に「メジャーリーグ」への言い換えが進みました。今は「メジャーリーグ」がやや優勢の状態で、混在しています。

なお、正式名は「メジャーリーグベースボール」（略称MLB）です。

(プロ野球の)主審→〔　　〕

〔答〕責任審判員

プロ野球で、キャッチャーの後ろにいる審判を、あなたは何と呼ぶでしょうか？「主審」と呼ぶのは間違いで、正しくは「球審」です。

もともと、「球審」＝「主審（審判団のリーダー）」とは限りません。さらに現在、日本のプロ野球では「主審」という言葉を使わず、審判団のリーダーのことを「責任審判員」と呼んでいます。というわけで、少なくとも、日本のプロ野球界には「主審」はいないということになります。

ストッパー→〔　　〕

〔答〕クローザー

プロ野球では、抑え投手は、古くは「火消し」、その後は和製英語で「ストッパー」

と呼ばれていました。一方、メジャーリーグでは、以前から「クローザー」(「試合をcloseさせる者」という意味)と呼ばれ、日本球界でも、この言葉が主流になりはじめています。

競艇《きょうてい》→〔　　　　〕

〔答〕ボートレース

2010年、日本ボート競走会では、競艇を「ボートレース」と言い換えることを決めました。競艇選手は「ボートレーサー」、競艇場は「ボートレース場」に変更され、その後、主催団体やマスコミでは、これらの言葉を使っています。

日本体育協会→〔　　　　〕

〔答〕日本スポーツ協会

2018年4月、「日本体育協会」は「日本スポーツ協会」に名前が変わりました。これには「体育」という教育的意味合いの強い言葉が、時代に合わなくなってきたことが背景にありました。

3章

「昔の名前」じゃ通じない！こんなに変わった地理用語

◉例えば「歯舞諸島」を今は何と言う？

この章で紹介するのは「地図から消えた地名」と「書き方・読み方が変わった地名」です。今はどう呼ばれているのか、ご存じでしょうか？「答」は、この章のどこかにあります。

歯舞《はぼまい》諸島　マケドニア　ニューデリー

マッキンリー山　トラック諸島　リアス式海岸

南氷洋《なんぴょうよう》　揚子江《ようすこう》　ボンベイ　モルジブ

グルジア　コーカサス　女満別町《めまんべつちょう》　チューリッヒ

いくつ知ってる？ 最近、変わった国の名前

マケドニア→〔　　　〕

〔答〕北マケドニア

旧ユーゴスラビアの国の一つで、ギリシャの北方にある国。１９９１年に独立し、「マケドニア」を国名としていたのですが、２０１９年2月、「北マケドニア」に変更しました。

その背景には、独立以来使っていたマケドニアという国名に、隣国のギリシャが反対していたことがあります。

ギリシャにとって、マケドニアは、かつて自国の英雄アレクサンドロス大王が率いた国。その名を、隣接しているとはいえ、ほかの国に使われることを不快としてきたのです。

そしてギリシャは、マケドニアのＥＵ加盟に反対してきました。マケドニアは、文字通り〝名を捨て実をとる〟外交戦略をとって、ギリシャと妥協《だきょう》し、国名を変更したというわけです。

グルジア→〔　　　〕

〔答〕ジョージア

カフカス地方の旧ソ連の国。同国の英名は、もともと「ジョージア」で、同国では2008年から、ロシア語由来の旧国名「グルジア」から、「ジョージア」への変更を各国へ要請してきました。

その後、「ジョージア」と呼ぶ国が増え、日本も2015年、「ジョージア」に正式呼称を変更しました。

スワジランド王国→〔　　　〕

〔答〕エスワティニ王国

アフリカ南部の内陸国。1968年、イギリスから独立したときの国名は「スワジランド」でしたが、2018年、現地語由来の「エスワティニ」に変更しました。

このエスワティニ王国、今や世界でも数少ない絶対王政の国。国王のムスワティ3世が執政者として政治を動かしており、18年の国名変更は、独立50周年を記念して、国王みずからが推進したといいます。

もともと「スワジランド」という名は、植民地時代にイギリスに名付けられたものであり、国名変更は植民地時代の払拭《ふっしょく》が背景にあると考えられます。
日本では、19年2月の閣議決定で法令上の国名を変更しています。

ダホメ共和国↓〔　　〕

〔答〕ベナン共和国

アフリカ西部の共和国。１９６０年、フランスから独立したときの国名は「ダホメ共和国」。ところが、ダホメが国土の南部のみを指す地名だったことから、その後、国土が面するベニン湾にちなみ、「ベナン」に変更しました。

当初は「ベナン人民共和国」、89年、社会主義から開放経済政策に転じて、現在は「ベナン共和国」を正式国名としています。なお、「ベナン」は、14〜18世紀に同地に栄えた「ビニ族の国」という意味。

いくつ知ってる？ 最近、変わった世界の地名

レニングラード→〔　　〕

〔答〕サンクトペテルブルク

ソ連崩壊とともに、社会主義をイメージさせる地名は旧名に戻ったケースが多いのですが、これはその代表例。ロシア革命の指導者レーニンの名前がはずされ、ロシア帝国時代の名に戻っています。

なお、「スターリングラード」は、かつてロシア南部のボルガ川下流の河港都市の名でしたが、スターリンの死後の1961年、「ボルゴグラード」に改称されています。ただし、独ソ戦の「スターリングラード攻防戦」などと言うときには、今も旧名が使われています。

歯舞《はぼまい》諸島→〔　　〕

〔答〕歯舞群島

北方領土の一つで、北海道・納沙布《のさっぷ》岬《みさき》沖近くの群島。以前は「歯舞諸島」と「歯

舞群島」が混用されていましたが、二〇〇八年、国土地理院が「歯舞群島」に統一し、官公庁やマスコミは「歯舞群島」を使っています。

ベニス→〔　〕
〔答〕ベネチア

イタリア北東部の港湾都市。かつて耳なじんでいた「ベニス」は英語由来の名。今は、イタリア語の発音に近い「ベネチア」と呼ばれるようになっています。さらに、現地音に近づけるため、「ヴェネツィア」と表記されることもあります。ただし、シェイクスピアの『ベニスの商人』では、今も「ベニス」が使われています。そもそもシェイクスピアは、英語でこの戯曲を書いたわけですから……。

ボンベイ→〔　〕
〔答〕ムンバイ

インド中西部の都市名。アラビア海に面する港を中心に発達してきた都市ですが、近年は映画製作でも有名で、ハリウッドをもじって「ボリウッド」とも呼ばれています。かつての都市名「ボンベイ」は英語名であり、現地音に近づけるため、「ムンバイ」に改められています。

マッキンリー山→〔　　　　〕

〔答〕デナリ山

標高6194メートルの北米大陸の最高峰。アメリカ・アラスカ州にあり、冒険家の植村直巳《うえむらなおみ》さんが遭難したことでも有名な山です。

かつて、この山は、アラスカをロシアから購入したアメリカ25代大統領のマッキンリーの名で呼ばれていましたが、米国政府は2015年、現地で使われてきた名称「デナリ」に変更しました。

揚子江《ようすこう》→〔　　　　〕

〔答〕長江《ちょうこう》

全長6380キロメートルの中国最長の河。「揚子江」は、もともと「長江」下流の揚州付近を流れるこの大河の、ごく一部を指す名前でした。それが欧米人に誤用され、日本でもこの大河全体を指す名として長く使われてきました。

それが改められ、現在では日本の辞書や地理事典でも、「長江」が見出し語になっています。それに伴って、「揚子江文明」も「長江文明」と呼ばれるようになっています。

コーカサス→〔　　　〕

〔答〕カフカス

かつてのソ連の一部で、黒海とカスピ海にはさまれた地域。現在は、ジョージア、アゼルバイジャン、アルメニア、ロシアの4か国にまたがる地域の総称です。「カフカス」とは「大きな山岳《さんがく》」という意味で、東西に大カフカス山脈が走っています。日本では従来、英語名のCaucasusから「コーカサス地方」と呼んできましたが、近年は現地語Kavkasの発音に近づけて「カフカス地方」と呼ばれはじめています。

トラック諸島→〔　　　〕

〔答〕チューク諸島

ミクロネシアの火山島。日本では、太平洋戦争中に日本海軍の基地が置かれ、戦艦大和などが長く停泊したことで知られる島であり、長く「トラック諸島」と呼ばれてきました。

しかし、その綴《つづ》りはChuukで、現地では「チューク」に近い音で発音することから、近年は日本でも「チューク諸島」と呼ばれるようになっています。ただし、太平洋戦争などに関する歴史的叙述では、今も「トラック諸島」が使われています。

エアーズロック→〔　　　〕

〔答〕ウルル

オーストラリア中部にある世界最大級の一枚岩。かつての「エアーズロック」という名は、その存在をヨーロッパに紹介した旧南オーストラリアの植民地総督ヘンリー・エアーズにちなむ名前でした。それが、今は先住民が古来呼んできた名前に変更されています。なお、「ウルル」とは「見知らぬ者」という意味です。

リアス式海岸→〔　　　〕

〔答〕リアス海岸

「リアス海岸」は、海水の浸食作用などによって生じる複雑な海岸線。日本では、三陸海岸がその代表格です。かつては「リアス式海岸」と呼ばれていましたが、近年は「式」がとれ、「リアス海岸」と呼ばれています。

なお、「リアス」という言葉は、スペイン大西洋岸の海岸地帯で「湾」をriaと呼ぶことに由来します。

南氷洋《なんぴょうよう》→〔　　　〕

〔答〕南極海

南極圏内の海。かつては「南氷洋」と呼ばれていましたが、現在は「南極海」に統一されています。「北氷洋」も同様に「北極海」に統一されています。

(カザフスタンの首都名)アスタナ→〔　　　〕

〔答〕ヌルスルタン

カザフスタンは、旧ソ連に属した国。面積は271・7平方キロメートルと、日本の7倍以上もある中央アジアの大国です。

この国は首都名を頻繁《ひんぱん》に変え、また遷都《せんと》することでも有名な国です。まず、1991年、ソ連から独立時の首都名はアルマアタでした。しかし93年、その都市名をアルマトイに改名。97年にはアクモラに遷都し、98年にその名をアスタナに改名しました。

以来、20年余りは落ち着いていたのですが、2019年3月、さらに改名し、現在の首都名はヌルスルタンです。

セレベス島→〔　　〕

〔答〕スラウェシ島

インドネシア中部の島。〝ローマ字のKのような形〟をした島といえば、おわかりの方も多いと思います。日本では長く「セレベス島」と呼ばれてきましたが、現在は、現地の発音に近づけて「スラウェシ島」と呼ばれています。

ポナペ島→〔　　〕

〔答〕ポンペイ島

太平洋西部のミクロネシア連邦の島。ドイツ支配時代から日本統治時代（1914～45）にかけては「ポナペ島」と呼ばれていましたが、1984年、現地音に近いポンペイ島に変更されています。

ポンペイとは「石を積み上げた」という意味で、今も巨石遺跡群が残る島です。

いつの間にか、書き方・発音が微妙に変わった地名

メキシコシティー→〔　　　〕

〔答〕メキシコ市

メキシコの首都名ですが、今も日本のマスコミ各社の間では、どのように表現するか、意見が分かれている地名です。

この地はCiudad de México、メキシコの公用語であるスペイン語で「シウダー・デ・メヒコ」（シウダーは「都市」という意味）と呼ばれており、「シティ」と英語で表すのはおかしいという理由から、「メキシコ市」と表記する社もあります。

ギリシアー→〔　　　〕

〔答〕ギリシャ

ヨーロッパ南東部の国。外務省、在日大使館、マスコミ各社は、「ギリシャ」に表記を統一しています。ただし、「外国語表記に関する内閣告示」では、慣用的な書き方として「ギリシア」を認めています。そのためこちらを使う人もいます。

ニューデリー→〔　　　〕

〔答〕デリー

インドの首都というと、「ニューデリー」と教わったはず。ところが、最近の地図では「デリー」になっています。そもそも、ニューデリーは、デリー市内にある首都機能を集めた地域を指す名。近年は、都市全体の名である「デリー」と表されるようになっているのです。

なお、「デリー」は、人口約1700万人のインド北部を代表する大都市。そのうち、ニューデリーは人口約30万人くらいのエリアです。

テームズ川→〔　　　〕

〔答〕テムズ川

イギリスの南東部、ロンドン市街などを流れる川で、綴りはThames。かつての日本では「テームズ川」と表記されることもあったのですが、今は原音に近い「テムズ川」が主流となっています。その名は「暗い川」という意味の言葉に由来します。

フエ→〔　　〕

〔答〕ユエ

ベトナム中部の古都。アルファベットではHuéと表記し、日本では長らく「フエ」と発音・表記してきました。ところが近年、ＮＨＫなどの放送局では、現地の発音に近づけ、「ユエ」と発音・表記するようになっています。

なお、漢字では「順化」と書き、「ユエ（フエ）」は、その一部の「化《ホワ》」が音変化した名前です。

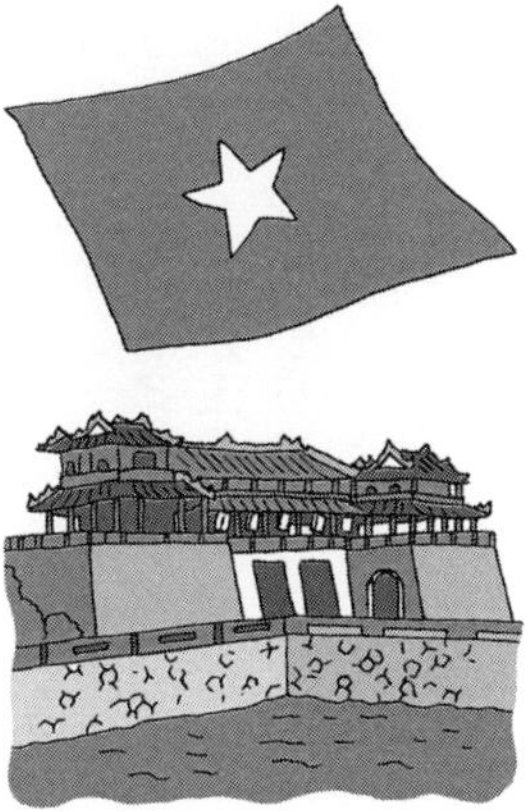

モルジブ→〔　　　〕

〔答〕モルディブ

インド洋に浮かぶ1196もの島からなる島国。綴りはMaldivesで、以前は「モルジブ」と表記されていましたが、今は「モルディブ」が主流になっています。最近は、発明王エジソンでさえ「エディソン」と書くくらいで（122頁）、d音を「ジ」と表すカタカナ語はどんどん減っています。なお、モルディブとは「小高い島」という意味。

トプカピ宮殿→〔　　　〕

〔答〕トプカプ宮殿

トルコのイスタンブールにある宮殿で、現在は博物館として公開されています。その綴りはTopkapiで、日本では長く「トプカピ宮殿」と呼ばれてきましたが、近年、現地の音に近づけるため、広辞苑などの辞書では「トプカプ」を見出し語にしています。

なお「トプカプ」とは、宮殿の正門前にあった2門の巨砲の名に由来する名です。

いつの間にか、小さな〝ッ〟が消えた地名

チューリッヒ→〔　　〕

〔答〕チューリヒ

スイス最大の都市で、金融の中心地。「チューリヒ」とは「水の都」という意味で、湖に面した街です。かつては、ドイツ語圏の都市名らしく「チューリッヒ」と小さな〝ッ〟付きで表記・発音されていました。ところが、今は「現地音ではっきり発音しない小さな〝ッ〟は省く」という方針のもと、NHKなどの放送局では「チューリヒ」と発音し、辞書もこちらを見出し語にしています。

バンコック→〔　　〕

〔答〕バンコク

タイの首都。アルファベットではBangkokと綴り、日本では長らく「バンコック」と発音されてきました。しかし近年、放送局などでは現地の音に近づけ、小さな〝ッ〟をとって「バンコク」と発音・表記しています。

なお、「バンコク」とは、「コク（植物）が繁る水辺の集落」という意味。今もその名の通り、チャオプラヤ（メナム）川の沿岸にバンコクの市街は広がっています。

ウラジオストック→〔　　　　〕

〔答〕ウラジオストク

ロシア沿海州の日本海に面した都市。かつては、やはり小さな〃ッ〃を入れて発音していましたが、現在、放送局などでは現地の音に近づけ、「ウラジオストク」と発音・表記しています。

なお、この名は、ウラジ（治める、統治）とボストーク（東）の合成地名で、その意味は「東方を統治せよ」、あるいは「東の領地」です。

バングラデッシュ→〔　　　　〕

〔答〕バングラデシュ

インドの東隣の国。1971年、パキスタンから分離独立した頃は「バングラデッシュ」と呼ばれていましたが、これもその後、現地の音に近づけて、小さな〃ッ〃を省くようになりました。

誤って普及したため、変わったように感じる地名

ラバウル島→〔　　　〕

〔答〕ラバウル

この項では、「最近変わった」わけではないのですが、そもそも日本人が間違って使うことが多かったため、正しく表記・発音すると、「変わった」ような印象を受ける地名を紹介します。

「ラバウル」は最初ドイツの統治下にあったのですが、1914年にオーストラリア軍が占領。その後、日本が占領し、太平洋戦争中、日本海軍航空隊の前線基地が置かれました。

その「ラバウル」は、パプアニューギニア・ニューブリテン島北部の港湾都市の名前であり、島名ではありません。だから、「ラバウル島」というのは間違いです。

太平洋戦争の激戦地には、ガダルカナル島、サイパン島、レイテ島など「島」が多いのですが、「ラバウル」は島にあっても、島自体を指す地名ではないというわけです。

ハンブルグ→〔　　〕

〔答〕ハンブルク

ドイツ最大の港湾都市。Hamburgと綴るため、日本人は「ハンブルグ」と濁音《だくおん》で発音しがちですが、正しくは「ハンブルク」。

ほかに、ニュルンベルク（ドイツ）、ハイデルベルク（ドイツ）、ザルツブルク（オーストリア）、ルクセンブルク（ルクセンブルク大公国）などの都市名は、すべて「ブルク」と表します。

このブルクは「城」、あるいは「城郭《じょうかく》都市」という意味で、ハンブルクは「牧草地のある城郭都市」という意味です。

バグダット→〔　　〕

〔答〕バグダッド、バグダード

イラクの首都。日本人にはbed をベット、bag をバックと発音する人が多いように、最後の濁音が清音になりやすい傾向があります。この都市名も「バグダット」と発音する人がいるのですが、綴りはBaghdadで、アラビア語の発音に近づけると「バグダード」と発音するのが正解。

ただし、日本では「バグダッド」と表記することも。その意味は「神の園」です。

マドリット↓〔　　　　〕

〔答〕マドリード

スペインの首都。これも最後の濁音が清音化しやすいパターンで、「マドリット」と発音する人がいます。綴りはMadridで、以前はマスコミでは「マドリッド」と表記・発音していましたが、現在は「マドリード」にほぼ統一されています。現地のスペイン語の発音は「マズリー」に近く、その意味は「湧き水」です。

ブタペスト↓〔　　　　〕

〔答〕ブダペスト

ハンガリーの首都。綴りはBudapestなので、「ブダペスト」が正解。「ブタではなくブダ」と覚えておくといいかもしれません。なお、この首都名の最後は、清音の「ト」が○です。

「ブダペスト」は、ドナウ川をはさんだブダ地区とペスト地区からなる都市で、「ブダ」（小屋の意）と「ペスト」（かまどの意）を組み合わせた名前です。

ボゴダ↓〔　　　〕

〔答〕ボゴタ

南米のコロンビアの首都。アンデス山脈の中腹、標高2640メートルにある都市です。その名はBogotaと綴り、最後の「タ」は濁《にご》りません。かつて同地を治めた首長の名バカタにちなむ地名です。

ナイヤガラ↓〔　　　〕

〔答〕ナイアガラ

アメリカとカナダの国境にある世界三大瀑布《ばくふ》の一つ。Niagaraと綴り、「ナイアガラ」と書き表すのが正解。

日本人は「ナイヤガラ」と発音しやすく、それにつられて、書き方も誤りやすいようです。その名は「地峡《ちきょう》を横切る」という意味。

仏領ギニアー↓〔　　　〕

〔答〕仏領ギアナ

日本人にとっては、ともに縁遠い国・地域であるためか、「ギニア」と「ギアナ」

を混同しがちなので、ご注意のほど。「仏領ギアナ」は、ブラジルの北側にあるフランスの海外県。「ギアナ」の意味は「水郷」や「水の国」です。

一方、アフリカの赤道ギニア、ギニア、ギニアビサウの3か国の国名は「ギニア」で、こちらの意味は「黒い皮膚の人たち」です。

マリアナ海峡《かいきょう》↓〔　　　〕

〔答〕マリアナ海溝《かいこう》

太平洋の西部、マリアナ諸島の東にある世界最深の海溝。「海溝」であり、「海峡」ではありません。日本の無人探査機「かいこう」が、水深1万911メートルまで潜ったことがある世界最深の海溝です。

近年、韓国語式に読むことが増えた地名

慶州〔けいしゅう〕→〔　　　〕

〔答〕キョンジュ

近年、朝鮮半島の地名は、韓国語の発音で読むようになってきています。たとえば、韓国東部にある「慶州」は、今は「けいしゅう」ではなく「キョンジュ」と呼ばれるようになっています。慶州は、新羅《しらぎ》時代を代表する仏国寺などの建築物で有名な古都であり、その名は「慶事の町」という意味です。

江華島〔こうかとう〕→〔　　　〕

〔答〕カンファド

ソウルの北西50キロメートル、漢江の河口にある島。かつては「こうかとう」と呼ばれていましたが、今は「カンファド」と呼ばれることが多くなっています。ただし、明治時代の「江華島事件」や「江華島条約」などは、歴史的名称であるため、今も「こうかとう」と読みます。

済州島〔さいしゅうとう〕↓〔　　　〕　〔答〕チェジュド、チェジュ島

韓国ドラマのロケ地として、日本人観光客にも人気の島。1948年4月3日、朝鮮分断が進むなかで起きた済州島の民衆による蜂起が、アメリカ軍・警察・右翼などによって弾圧された「済州島四・三事件」も、今は「チェジュドよんさんじけん」と読みます。

洛東江〔らくとうこう〕↓〔　　　〕　〔答〕ナクトンガン

韓国を流れる全長525キロメートルの大河。韓国語読みするときは「ナクトンガン」が正しく、「ラクトンガン」ではないことに注意。

豆満江〔とうまんこう〕↓〔　　　〕　〔答〕トゥマンガン

北朝鮮を流れる大河。白頭山《ペクトサン》に源があり、中国やロシアとの国境になっている川です。全長521キロメートルとされますが、諸説あります。

合併で消えていた由緒ある日本の地名

角館町《かくのだてまち》→〔　　　　〕　　〔答〕**仙北市《せんぼくし》**

いわゆる「平成の大合併」で由緒ある地名が多数消えましたが、「角館町」はその筆頭でしょう。田沢湖《たざわこ》町などと合併、自治体としてはなくなりました。

女満別町《めまんべつちょう》→〔　　　　〕　　〔答〕**大空市《おおぞらし》**

「女満別町」は、北海道網走《あばしり》郡にあった町。東藻琴村《ひがしもことむら》と合併して、その町名は消滅。いかにも北海道らしいその名は、「女満別空港」に残っています。

象潟町《きさかたまち》→〔　　　　〕　　〔答〕**にかほ市**

秋田県の南端にあった町。仁賀保《にかほ》町などと合併、その町名はなくなりました。

4章

◉例えば「大化の改新」を今は何と言う?

最近の学生はこう教わる!新しい歴史用語と人名

この章で紹介するのは、教科書や歴史事典から姿を消した「歴史用語」です。今はどう呼ばれているのか、ご存じでしょうか?〔答〕は、この章のどこかにあります。

四大文明　黄河文明　縄文式土器　仁徳天皇陵《にんとくてんのうりょう》

大和朝廷　元寇《げんこう》　オスマントルコ　天領《てんりょう》

奥の細道　滝沢馬琴《たきざわばきん》　源平合戦　ジュリアス・シーザー

西南《せいなん》の役《えき》　小乗《しょうじょう》仏教　免罪符　ラマ教

昔の教科書とは呼び方が変わった日本史用語

縄文式土器→〔　　　〕

〔答〕縄文土器

「縄文土器」は、縄文時代につくられた日本列島における最初の土器。明治時代に、大森貝塚を発掘したアメリカの動物学者モースによって見出されました。表面に縄目文様があることから「縄文式土器」と名付けられ、昭和の中頃まではその名で定着していました。

ところが1975年、考古学者の佐《さ》原《はら》真《まこと》氏が、土器に「式」を使うことは不合理だと唱え、「式」を省いた「縄文土器」という名前を使うことを提唱。以後、佐原氏の説が徐々に受け入れられます。

そのため、1990年代半ばからは、教科書でも「縄文式土器」ではなく「縄文土器」が使われるようになりました。

近年は、辞書の見出し語からも「式」が消えています。むろん、「弥生式土器」も「弥生土器」に変化しています。

仁徳天皇陵《にんとくてんのうりょう》→〔　　〕　〔答〕大仙陵古墳《だいせんりょう》

大阪府堺市大仙にある全長525メートルの巨大な前方後円墳《ぜんぽうこうえんふん》。古来、「仁徳天皇陵」と呼ばれてきましたが、歴史学的には仁徳天皇の陵《みささぎ》（墓）と断定できないため、現在の歴史書や教科書では、地元の町名から「大仙陵古墳」と書くようになっています。

なお、2019年7月、この古墳を含む「百舌鳥《もず》・古市《ふるいち》古墳群」が世界文化遺産に登録されました。

応神天皇陵古墳《おうじん》→〔　　〕　〔答〕誉田御廟山古墳《こんだごびょうやま》

大阪府羽曳野《はびきの》市誉田にある古墳。2019年に世界遺産に登録された古市古墳群の一つです。

この古墳は、かつては「応神天皇陵古墳」と呼ばれていましたが、前項と同様、学術的には応神天皇の陵と立証できないため、近年は、所在地の地名から「誉田御廟山古墳」と呼ばれています。

大和朝廷→〔　　〕　〔答〕ヤマト王権

古代、飛鳥《あすか》地方（現在の奈良県）を拠点とした政権。「大和」が、王権成立のはるか後になってから使われはじめた名であるため、近年、学術書や教科書では「大和」という表記を避け、「ヤマト王権」や「ヤマト政権」と表すようになっています。「朝廷」という言葉も、古代政権には「朝廷」と呼べるほどの体制が整っていなかったことから、この言葉では使われなくなっています。

聖徳太子→〔　　〕　〔答〕厩戸王《うまやとおう》（「うまやどのおう」とも）

飛鳥時代の皇族であり、政治家。「聖徳太子」は後世おくられた尊称であり、死後1世紀以上たった751年編纂《へんさん》の『懐風藻《かいふうそう》』が、その初出と見られます。生前は「厩戸王」と呼ばれていたと見られることから、近年、教科書では「厩戸王（聖徳太子）」のように書き表しています。

また、「厩戸王」の読み方は、「うまやとおう」と「うまやどのおう」の2説があり、まだ定まっていません。

大化《たいか》の改新→〔　　〕　　〔答〕乙巳《いっし》の変

645年、中大兄皇子《なかのおおえ》（後の天智天皇《てんじ》）らが、蘇我《そが》一族を滅亡に追い込んだクーデターは、かつては「大化の改新」と呼ばれていました。今は、そのクーデター自体が「乙巳の変」と呼ばれ、教科書でもそう紹介されています。

そして、クーデター後に行われた政治改革を「大化の改新」と呼ぶようになっています。ただし、本当にその時期に「改新」と呼べるほどの政治改革が行われたのか、そのことにも疑問符がつくようになっています。

遣唐使廃止→〔　　〕　　〔答〕遣唐使中止

「白紙（894）に戻す遣唐使」という語呂合わせもあるように、かつては、遣唐使は894年、菅原道真の建言《けんげん》によって「廃止」されたといわれてきました。

ところが近年の研究では、遣唐使はこの時期にいったん中止され、廃止するかどうか結論を先送りしているうちに、結果としてその後一度も送ることはなく、事実上の〝廃止〟に至ったという見方が有力になっています。そこで、今の歴史書や教科書などでは「遣唐使を中止」と記述されるようになっています。

源平合戦→〔　　〕

〔答〕治承《じしょう》・寿永《じゅえい》の内乱

かつては、教科書でも「源平合戦」という言葉を使っていたものの、実際には、源氏と平家がきれいに二つに分かれた戦いではありませんでした。源氏の棟梁《とうりょう》である源頼朝《みなもとのよりとも》を平家の北条氏が支えたように、現実には、源氏と平氏が入り乱れて戦った内乱でした。

そこで近年、教科書などでは、当時の年号を用いた「治承・寿永の内乱」という名称を使うようになっています。

元寇《げんこう》→〔　　〕

〔答〕蒙古《もうこ》襲来

そもそも「元寇」は、蒙古襲来当時から使われていた言葉ではなく、江戸時代に編纂された徳川光圀《みつくに》らによる『大日本史』で初めて使われた言葉です。それもあって、今の教科書では、「元寇」ではなく「蒙古襲来」が使われています。

応仁の乱→〔　　　　〕　〔答〕応仁・文明《ぶんめい》の乱

いわゆる「応仁の乱」（応仁元年～文明９年）は、応仁元年に始まったものの、戦乱期間の大半が文明年間であるところから、歴史書や教科書には「応仁・文明の乱」と表す本もあります。

ただし、一般では、今も「応仁の乱」という言葉が主流で、近年、歴史家の呉座《ござ》勇一《ゆういち》氏が著したベストセラーも、そのタイトルは『応仁の乱』でした。

村上水軍→〔　　　　〕　〔答〕村上海賊

「村上海賊」は、14世紀中頃から戦国時代にかけて、瀬戸内海で活動した一族。石山本願寺支援をめぐる織田信長と毛利《もうり》家の戦いで、毛利側について活躍したことでも有名です。

以前は「村上水軍」と呼ばれることが多かったのですが、「水軍」は江戸時代以降に使われるようになった名称であり、戦国当時の文書には「海賊」とあるため、近年は「村上海賊」と呼ばれるようになっています。

浅井長政（あさい・ながまさ）→〔　　　　　〕

〔答〕あざい・ながまさ

北近江《おうみ》の戦国大名。姉川《あねがわ》の戦いで、織田・徳川連合軍と戦って敗れ、後に織田信長に攻められ、自刃しました。その姓は近年、「あざい」と濁《にご》って読むようになっています。淀君《よどぎみ》らの浅井三姉妹も「あざい・さんしまい」と読みます。

なお、浅井氏の居城・小谷城は「こたにじょう」ではなく、「おだにじょう」と読みます。

鎖国《さこく》→〔　　　　　〕

〔答〕いわゆる鎖国

近年、歴史学では、「鎖国」という言葉を単独で使うことが少なくなっています。江戸時代の日本は、国を完全に鎖《とざ》していたわけではなく、中国、朝鮮、オランダとは交易していました。そこで、今は教科書でも、鎖国という言葉を「　」で囲んだり、「鎖国などの幕府の対外政策」のように表しています。

一般書でも、近年は「いわゆる鎖国」という表現がよく使われるようになっています。ただし、単独で使われる「鎖国」という言葉がまだ消えたわけではありません。

踏み絵→〔　　〕

〔答〕絵踏み

江戸時代、幕府は、隠れキリシタンを発見するため、イエス・キリストや聖母マリアの像を描いた板を農民らに踏ませました。

かつては、その板、そしてその板を踏む行為も「踏み絵」と呼ばれていましたが、今は「踏み絵」はその板のみを意味し、絵を踏む行為は「絵踏み」と呼ばれています。教科書にも、そう記載されています。

天領《てんりょう》→〔　　〕

〔答〕幕領《ばくりょう》

じつは「天領」は、明治以降に生まれた名称。幕府の直轄《ちょっかつ》領が明治政府に移されたとき、「天朝の御領」の略語として「天領」と呼ばれるようになったのが、この言葉の始まりです。

つまり、江戸時代に「天領」という言葉があったわけではなく、幕府領は「御領」や「御領所」と呼ばれていました。今の教科書では、「幕領」と表すことが多くなっています。

島原《しまばら》の乱→〔　　〕

〔答〕島原・天草一揆《あまくさいっき》

今、多くの教科書では、「島原・天草一揆」と記載しています。

一揆勢が立て籠《こ》もり、主戦場となった原城は、「島原」（今の長崎県）にあったのですが、そもそもこの一揆は、島原と天草（今の熊本県）の各地で起きました。「島原の～」というと、島原だけで起きたような誤解を与えるので、「島原・天草～」と呼ばれるようになったのです。

また、この戦いは、キリシタンが起こした「乱」と見られてきましたが、年貢に苦しむ農民が起こした「一揆」という側面が強いことがわかってきて、「乱」ではなく、「一揆」という言葉が使われるようになっています。

奥の細道→〔　　〕　〔答〕おくのほそ道

松尾芭蕉《ばしょう》の俳句紀行文。有名な句を多数収録し、いわゆる「蕉風」を確立したとされる作品です。

その題名は、かつては「奥の細道」と書き表されていましたが、1996年、松尾芭蕉の直筆とみられる原本が見つかり、それに「おくのほそ道」とあったことから、その後、教科書では『おくのほそ道』と書くようになりました。一般でも、そう書くことが多くなっています。

滝沢馬琴《たきざわばきん》→〔　　〕　〔答〕曲亭《きょくてい》馬琴

『南総里見八犬伝《なんそうさとみはっけんでん》』や『椿説弓張月《ちんせつゆみはりづき》』を著した江戸の戯作者《げさくしゃ》は、かつては「滝沢馬琴」の名で知られていました。ところが、彼の本名は「滝沢興邦《おきくに》」で、戯作者としての筆名は「曲亭馬琴」。滝沢馬琴は本名と筆名が混じった名であり、彼がその名で作品を発表したことはありませんでした。

そのため、近年の教科書では「滝沢馬琴」ではなく、「曲亭馬琴」と記載しています。広辞苑などの辞書も、「曲亭馬琴」を見出し語にしています。

西南《せいなん》の役《えき》→〔　　　　〕　　〔答〕西南戦争

1887年（明治10）に起きた不平士族による最大の反乱。かつては「西南の役」と呼ばれていましたが、今は学術書でも、教科書でも「西南戦争」と書くようになっています。近代になってからの戦いであり、「役」という表現がなじまないという見方からです。

真珠湾攻撃による開戦→〔　　　　〕　　〔答〕マレー作戦による開戦

従来、太平洋戦争は「真珠湾攻撃によって始まった」という認識が一般的でした。しかし、最近の教科書は「マレー作戦によって開戦」という書き方に変わってきています。真珠湾攻撃とマレー作戦（マレー半島の攻略作戦）は、ともに1941年の12月8日に開始されたのですが、厳密に言うと、マレー作戦のほうが1時間ほど早く始まったからです。

昔の教科書とは呼び方が変わった世界史用語

ルネッサンス→〔　　〕

〔答〕ルネサンス

「ルネサンス」は13～15世紀、イタリアを中心に起きた芸術・思想上の革新運動。もとは「再生」や「復活」を意味する言葉です。

かつては「ルネッサンス」と小さな〝ッ〟をはさんで表すことが多かったのですが、現在では原音により近づけるため、これを省くようになっています。

中世のイギリス→〔　　〕

〔答〕中世のイングランド

今もイギリスは、イングランド、スコットランド、ウェールズ、北アイルランドからなる国。そのうち「イングランド」は、グレート・ブリテン島の中部と南部を占める地域名であり、かつての国名でもありました。

そこで、歴史関係の書籍では、17世紀のスコットランド併合までは「イングランド」、その後は「イギリス」と書くのが、暗黙《あんもく》のルールになっています。

小乗《しょうじょう》仏教→〔　〕　〔答〕上座部《じょうざぶ》仏教

「上座部仏教」は、タイやビルマなどで有力な南方系の仏教宗派。以前は「小乗仏教」とも呼ばれましたが、これはもともと、北方系の大乗仏教宗派が、南方系の仏教を〝僧侶のみの小さな乗り物〟のような仏教として揶揄《やゆ》した言葉。蔑称《べっしょう》の一種といえ、今は使われなくなっています。

なお、「上座部仏教」のほかに「上座仏教」や「南方仏教」という言葉も使われています。

カソリック→〔　〕　〔答〕カトリック

ローマ・カトリック協会の通称。または、その信者。もとはギリシャ語で、普遍的、あるいは正統的という意味の言葉です。原音は「カトリック」に近く、日本でも、放送局では「カトリック」に発音を統一しています。

免罪符→〔　　　〕

〔答〕贖宥状《しょくゆうじょう》

「贖宥状」とは16世紀、カトリック教会が発行した罪を軽減する証明書のこと。後に、マルティン・ルターらによる宗教改革のきっかけになりました。

日本では、かつて「免罪符」と訳されていましたが、今は歴史用語としては「贖宥状」が使われ、世界史の教科書にもそう記載されています。ただし、比喩《ひゆ》表現としての「○○を免罪符とする」という言い方は、まだ残っています。

メルヘン→〔　　　〕

〔答〕メルヒエン

ドイツ生まれの空想的な物語の総称。その特徴として、動物が口を利《き》いたり、魔法の助けを借りるなどの要素があります。

もとはドイツ語で、従来は「メルヘン」が使われていましたが、近年は原音に近づけるため、「メルヒェン」と表記されることが増えています。とりわけ、論文など専門的な文章ほど「メルヒェン」が使われるようになっています。

オスマントルコ→〔　　〕

〔答〕オスマン帝国、オスマン朝

1299年、オスマン1世が建国したイスラム国家。この帝国は、トルコ系の人々が中心ではあったものの、「オスマントルコ」と呼べるほど、トルコ系の人々のみで構成された国家ではありませんでした。

そうした認識が広まり、近年では「オスマントルコ」という呼び方が避けられるようになっています。多くの辞書は、「オスマン帝国」や「オスマン朝」を見出し語にしています。

ハーレム→〔　　〕

〔答〕ハレム

オスマン帝国など、イスラム王朝の後宮のことで、もとは「禁じられた場所」という意味。

以前は「ハーレム」と表されていましたが、近頃はトルコ語の発音に近い「ハレム」が使われ、辞書の多くもこちらを見出し語にしています。

コサック↓〔　　　　〕

〔答〕カザーク

ロシアの辺境民。15~17世紀のロシアで、領主の収奪から逃れて、主に南方の辺境に移住した人々とその子孫を指します。

英語ではCossacksで、その発音から、日本では「コサック」と呼ばれてきました。ところが、ロシア語ではKazakで、発音は「カザーク」に近い言葉。原音に近づける方向から、今は「カザーク」を見出し語にする辞書が増えています。

ムガール帝国↓〔　　　　〕

〔答〕ムガル帝国

16世紀初頭から19世紀後半まで存続した、インド最後のイスラム帝国。１８５８年、イギリスによって最後の皇帝バハードゥル・シャー2世が退位させられ、滅亡しました。

Mughalと綴《つづ》り、日本では長らく「ムガール」と長音で表記・発音してきましたが、近年は原音に近づけて「ムガル帝国」と表すようになっています。

セポイの反乱→〔　　　〕

〔答〕インド大反乱

1857～59年に、インドで発生した大規模な反乱。前項のムガル帝国滅亡のきっかけになりました。

セポイ（インド人傭兵《ようへい》）がイギリスによる過酷な支配に対して蜂起《ほうき》して始まったことから、長年「セポイの反乱」と呼ばれてきましたが、反乱は都市部や農村部へ波及、さまざまな階層の人が参加しました。そこから、近年は「インド大反乱」というようになっています。

また、「大反乱」という言葉も、当時、統治者だった〝イギリス目線〟の呼称であることから、最近ではインド側から見た「第一次インド独立戦争」という呼称も使われています。

ボーア戦争→〔　　　〕

〔答〕ブーア戦争、南アフリカ戦争

1880年から二度にわたってイギリスが起こした、南アフリカ支配のための戦争。英語ではBoer Warで、その名は、南アフリカのオランダ系白人を「ブーア人」

と呼ぶことに由来します。

近年は、本来の発音に近づけ、「ブーア戦争」を見出し語とする辞書や百科事典が増えています。また、「南アフリカ戦争」や「南ア戦争」と呼ばれるようにもなっています。

カチンの森事件→〔　　　〕

〔答〕カティンの森事件

第二次世界大戦中、ロシアのグニェズドヴォ近郊の森で、ポーランド軍の将校ら2万2000人が、旧ソ連によって銃殺された事件。

以前は「カチンの森」と呼ばれていましたが、近年は「カティン」と表記することが増えています。アンジェイ・ワイダ監督による映画の日本名も『カティンの森』です。

なお、カティン（カチン）は、事件現場の近くではあるものの、じつは事件とは直接関係のない地名。事件現場のグニェズドヴォよりも、はるかに言いやすく、覚えやすいので、ナチス・ドイツが用いて広まった名前です。

ラマ教→〔　　　　〕

〔答〕チベット仏教

チベットを中心に発展した大乗仏教の一派。現在、教科書では「チベット仏教」という言葉を使っています。

その理由は、「ラマ」はチベット仏教の高僧を意味する言葉ですが、信仰の対象ではないこと。また、「ラマ教」というと、仏教の一宗派であることがわかりにくいなどの理由からです。

シーク教→〔　　　　〕

〔答〕シク教

16世紀、インドでヒンドゥー教から派生した宗教で、グル・ナーナクを開祖とします。この「グル」は導師という意味で、「シク」はサンスクリット語に由来し、「弟子」を意味します。

かつては「シーク教」と呼ばれていましたが、近年は原音に近い「シク教」を見出し語とする辞書や事典が増えています。

黄河文明→〔　　　〕

〔答〕中国文明、中華文明

「黄河文明」は、黄河の中・下流域に発達した文明。かつては古代中国文明と同義に使われ、「四大文明」の一つとされてきました。

ところが、今は、ほとんどの教科書が「中国文明」か「中華文明」と表していいます。近年の発掘調査で、中国大陸には黄河流域だけでなく、長江流域などにも、多数の古代文明が存在したことがわかってきたからです。

四大文明→〔　　　〕

〔答〕古代文明

かつて、古代文明の総称とされていた言葉。エジプト文明、メソポタミア文明、インダス文明、黄河文明の四文明を指します。

しかし、現在の教科書からは「四大文明」という表現は消えています。近年の研究・調査により、世界各地にこれらのほかにも、多数の文明が存在したことがわかってきたためです。

コーラン→〔　　〕〔答〕クルアーン

イスラムの聖典。アラビア語で、「読誦《どくじゅ》すべきもの」や「詠唱すべきもの」という意味です。これまでは、英語由来で「コーラン」と呼ばれてきましたが、現在は専門書を中心に、アラビア語の発音に近い「クルアーン」という表記が増えつつあります。

東学党《とうがくとう》の乱→〔　　〕〔答〕甲午《こうご》農民戦争

1894年、東学党（宗教団体）が蜂起し朝鮮半島南部を一時的に支配した事件。李朝《りちょう》が清《しん》に出兵を要請、日本も対抗して出兵したことから、日清戦争を誘発するきっかけになりました。

かつては「東学党の乱」の名で、教科書にも記載されていましたが、反乱参加者が東学党だけでなく、むしろ農民が多かったことから、名称が改められました。なお、「甲午」は干支《えと》の一つで、この事件が「甲午」に当たる年に起きたことから名付けられました。

変わりつつある、あの偉人の名前

ゴータマ=シッダールタ↓〔　　　　〕

〔答〕ガウタマ=シッダールタ

仏教の開祖のシャカの名は、パーリ語の発音に基づくと「ゴータマ」に近く、サンスクリット語に基づくと「ガウタマ」に近い音。日本では「ゴータマ」が使われることが多かったのですが、近年は「ガウタマ」の使用頻度が増えています。なお、「シャカ」(釈迦)という名は出身部族名に由来し、「ブッダ」は「目覚めた人」という意味の尊称です。

アレキサンダー大王↓〔　　　　〕

〔答〕アレクサンドロス大王

古代ギリシャのマケドニアの王。東方に遠征してアケメネス朝ペルシャを滅ぼし、大帝国を築きました。この英雄の名は、かつては「アレキサンダー大王」と呼ばれていましたが、今は原音に近づけて、「アレクサンドロス大王」、あるいは「アレクサンドロス3世」と呼ばれるようになっています。

ジュリアス・シーザー→〔　　〕

〔答〕ユリウス・カエサル

かつて耳なじんでいた「ジュリアス・シーザー」という名は、英語由来。シェイクスピアの作品のタイトルとしても有名な名ですが、今は、古代ラテン語の原音に近い「ユリウス・カエサル」が使われるようになっています。

なお、彼のフルネームは、ガーイウス・ユリウス・カエサルで、「ユリウス氏族のカエサル家のガーイウス」という意味。ほとんど知られていない「ガーイウス」が、彼固有の名前です。

マホメット→〔　　〕

〔答〕ムハンマド

イスラム教の預言者であり、創始者。かつては西欧の表記に従って、「マホメット」あるいは「マホメッド」と表記されることが多かったのですが、今はアラビア語に基づく「ムハンマド」にほぼ統一されています。

ジンギス・カン→〔　　　　〕

〔答〕チンギス・ハン

以前は「ジンギス・カン」と呼ばれていましたが、「チンギス・ハン」のほうが現地の音に近いことから、放送局などで後者を使うようになり、今は一般にも「チンギス・ハン」という呼ぶ人が増えています。

ただし、羊の焼き肉料理については、相変わらず「ジンギス・カン料理」と呼ばれています。

エル・シド→〔　　　　〕

〔答〕エル・シッド

11世紀、スペインのレコンキスタ（キリスト教勢力によるイスラム勢力からの国土回復戦争）で活躍した騎士。

日本では、1961年公開の映画のタイトルが『エル・シド』だったこともあって、長らく「エル・シド」と呼ばれていました。ところが近年は、原音に近い「シッド」を見出し語とする辞書・事典が増えています。なお、シッドは「主人」を意味するアラビア語であり、彼の通称です。

コロンブス→〔　　〕　〔答〕コロン

ヨーロッパ人として、アメリカ新大陸に初めて到達したイタリアの航海者。「コロンブス」という日本で知られた名は英語由来で、スペイン語では「コロン」、イタリア語では「コロンボ」と呼びます。

彼はイタリア・ジェノバの出身で、スペインの後押しで航海を成功させました。そこで現在、歴史家や歴史著述家には「コロン」と表記する人もいます。ただし、教科書や辞書では、今も「コロンブス」が使われています。

なお、かつては「新大陸を発見した」という表現が使われていましたが、すでにアメリカ大陸には多数の先住民がいたため、「ヨーロッパ人として新大陸に初めて到達」といった書き方が正しい表現とされるようになっています。

マゼラン→〔　　〕　〔答〕マガリャンイス

大航海時代のポルトガルの航海者。日本で知られる「マゼラン」という名は、英語由来の名ですが、彼はポルトガル人であり、ポルトガル語の名は、フェルナン・デ・マガリャンイスです。

今は、日本の教科書でも「マガリャンイス」と書いたり、併記したりするものが出始めています。彼の名に由来する「マゼラン海峡」も、「マガリャンイス海峡」と表記されることがあります。

また、彼は「史上初の世界一周航海を成し遂げた人物」ともいわれますが、本人は航海途中で亡くなっているため、正確にいうと、「彼の航海を引き継いだ部下が、史上初の世界一周航海を達成した」ということになります。

ダ・ヴィンチ→〔　　〕　〔答〕レオナルド

ルネサンスを代表する画家であり、万能の天才。レオナルド・ダ・ヴィンチとは「ヴィンチ村のレオナルド」という意味です。

名前が長いため、日本では、かつては「ダ・ヴィンチ」と略されていましたが、それでは出身村名を表しているだけのことなので、略称としては「レオナルド」が適切という見方が広まりました。

今では、少なくとも、美術の専門家や美術関係の書籍・雑誌などでは、彼の名を「レオナルド」と略すようになっています。

カルビン→〔　　〕　〔答〕カルヴァン

フランス出身の神学者。スイスに亡命し、ジュネーブを拠点にして、宗教改革を進めました。マルティン・ルターと並び、宗教改革の最初期の指導者として知られています。

彼の名はCalvinと綴るところから、日本では「カルビン」あるいは「カルヴィン」と表すことが多かったのですが、フランス語では、Calvinを「カルヴァン」に近い音で読みます。

そのため、今では日本でも、原音に近づけて「カルヴァン」と表すようになっています。

リンカーン→〔　　　　〕

〔答〕リンカン

アメリカの第16代大統領。南北戦争で北軍を率い、勝利に導きました。「人民の、人民による、人民のための政治を地上から絶滅させない」と宣言したゲティスバーグの演説はあまりにも有名です。

彼の名前は、これまで「リンカーン」と表記されてきましたが、「リンカン」のほうが原音に近いため、今はほとんどの歴史の教科書が「リンカン」と表記しています。

エジソン→〔　　　　〕

〔答〕エディソン

アメリカの発明王・企業家。蓄音器、白熱電球、活動写真など1300もの発明と技術革新を行いました。

彼の名は、長らく「エジソン」で定着していましたが、綴りがEdisonであることから、近年「エディソン」と書かれるケースが増えています。

ガンジー→〔　　〕

〔答〕ガンディー

「非暴力・不服従」を提唱しイギリスからのインドの独立を達成した政治指導者。かつては「ガンジー」と書き表しましたが、近年は現地の発音に近づけるため、「ガンディー」が増えつつあります。すでに広辞苑をはじめ、多くの辞書や百科事典が「ガンディー」を見出し語にしています。

ネール→〔　　〕

〔答〕ネルー

ガンディーとともに独立戦争を戦い、インド共和国の初代首相に就任した政治家。彼の名は、かなり前から「ネール」から「ネルー」に変化しています。

ルーズヴェルト→〔　　〕

〔答〕ローズヴェルト

アメリカの第26代大統領で、第二次世界大戦時の大統領です。彼は、17世紀に新大陸に移り住んだオランダ系移民の子孫。名前の綴りはRooseveltで、オランダ語ではRooは「ロー」と発音します。

そこから近年、世界史関係の事典では「ローズヴェルト」と表すようになっており、中学・高校の教科書でも「ローズベルト」や「ローズヴェルト」と表しはじめています。

ヒッチコック↓〔　　　〕

〔答〕ヒチコック

『裏窓』『鳥』などを監督したサスペンス映画の巨匠。イギリスで生まれ、アメリカで活躍しました。前述してきたように、近年は、原音ではっきり発音するとき以外は、小さな〝ッ〟を省略するようになっています。これも、その一例。

ヒットラー↓〔　　　〕

〔答〕ヒトラー

ドイツ第三帝国の独裁者。これも前項と同様、原音にはない小さな〝ッ〟を省略するパターン。ムッソリーニ(イタリアのファシスト党を率いた政治家)も、小さな〝ッ〟を省略して「ムソリーニ」と表記するようになっています。

ウラジミール→〔　　　〕

〔答〕ウラジーミル

ロシアの男子名。日本では、以前は「ウラジミール」と表記されていましたが、近年はウラジーミルで統一されています。プーチン大統領の名もウラジーミルです。

ゴーギャン→〔　　　〕

〔答〕ゴーガン

フランスのポスト印象派の画家。Gauguinと綴ります。日本では長らく「ゴーギャン」と表されてきましたが、近年、フランス語の原音に近づけて「ゴーガン」と書き表すようになり、美術館や美術書では、こちらを採用するケースが増えています。辞書も、徐々に「ゴーガン」を見出し語にするようになっています。

アンドレ・ジッド↓〔　　〕

〔答〕アンドレ・ジード

小説『狭き門』や『贋金《にせがね》つくり』で知られるフランスの作家。Gideと綴り、今も「ジッド」と「ジード」の間で、表記が揺れ続けています。

古くは「ジッド」が多く、その後、原音に近づけて「ジード」を見出し語にする辞書類が増えてはいるのですが、依然「ジッド」を採用する辞書や百科辞典も残っています。

アンディ・ウォホール↓〔　　〕

〔答〕アンディ・ウォーホル

アメリカの現代美術を代表する芸術家。マリリン・モンローなどの有名人や、どこにでもあるキャンベル・スープの缶をモチーフにした作品などでよく知られています。

綴りは、Andy Warholで、かつては「ウォホール」と呼ばれていましたが、現在は「ウォーホル」で統一されています。

モハメド・アリ→〔　　　〕　〔答〕ムハマド・アリ

20世紀を代表するヘビー級のボクサー。もともとはカシアス・クレイという名でしたが、プロデビュー後、イスラム教徒であると公表し、改名。イスラム教の預言者ムハンマドと、同じくイスラム教の指導者アリーに由来した名を使うようになりました。

その名前は、今もマスコミ各社で、「モハメド」と「ムハマド」の間で揺れていて、新聞社では「ムハマド」がやや優勢。一方、テレビ局は「モハメド」を使う社が多いという情勢です。

クリスティアノ・ロナルド→〔　　　〕　〔答〕クリスティアノ・ロナウド

21世紀を代表するサッカー選手。今、スポーツ新聞やテレビは「ロナウド」、全国紙は「ロナルド」と表すケースが目立ちます。綴りはRonaldoで、現地音は「ロナルド」のほうが近いようです。

名の「クリスティアノ」のほうも、クリスティアーノ、クリスチアノ、クリスチアーノなどの間で、表記が揺れています。世界的な選手で、ここまで表記が定まらない名前も珍しいといえるでしょう。

5章

曖昧になりがちなカタカナ語を正しくアップデートする

◉例えば「インシュリン」を今は何と言う?

カタカナ語（外来語）は、発音の問題もあって、言い換えが進んだり、表記が揺らいだりしやすい言葉。以下は近年、変化したカタカナ語です。今はどう表されているのか、ご存じでしょうか？〔答〕は、この章のどこかにあります。

アメラグ　チアガール　インシュリン

ココナッツ　ハレー彗星《すいせい》　ナフタリン　メンソール

リラクゼーション　シャンペン　ウィスキー

ナルシスト　アタッシュケース　デミグラスソース

最近、言い換えられたスポーツ用語

ボールボーイ→〔　　〕

〔答〕ボールパーソン

テニスなどで、かつては「ボールボーイ」と呼ばれていましたが、女性（少女）も増えたため、一時は「ボールガール」という言葉が使われていました。その後、ポリティカル・コレクトネスの観点から、性別を表さない「ボールパーソン」が使われるようになっています。

（野球の）グローブ→〔　　〕

〔答〕グラブ

gloveと綴《つづ》るため、以前は野球界などでは、ローマ字読みして「グローブ」と発音していました。今は「グラブさばき」など、原音に近い「グラブ」が主に使われています。プロ野球で、守備に優れた選手に贈る賞の名も、「ゴールデングラブ賞」です。一方、ボクシング界では、今も「グローブ」と表すことが多いようです。

アメラグ→〔　　〕
〔答〕アメフト

かつては「アメラグ」（アメリカンラグビーの略）と呼ばれることが多かったのですが、近年は正式名のアメリカン・フットボールを略して、「アメフト」が使われるようになっています。「アメフット」という表記も見かけます。

（トライアスロンの）ゴール→〔　　〕
〔答〕フイニッシュ

陸上競技やトライアスロンの公式ルールでは、正式には「ゴール」ではなく、「フイニッシュ」を使う競技が多いため、マスコミでは「フイニッシュ」を使うケースが増えています。

チアガール→〔　　〕
〔答〕チアリーダー

応援チームの女子団員。英語（主に米語）では、「チアリーダー（cheer leader）」といい、「チアガール」は和製英語。今は、日本でも「チアリーダー」というようになっています。

ウインナーワルツ↓〔　　〕　〔答〕ウインナワルツ

オーストリアのウィーンを中心に広まったテンポの速いワルツ。競技ダンス（ダンススポーツ）のスタンダード種目5種の一つでもあります（残りはワルツ、タンゴ、スローフォックストロット、クイックステップ）。

以前は「ウインナー」と長音で発音していましたが、近年は原音に近づけて「ウインナ」と伸ばさずに発音することが多くなっています。

ちなみに喫茶店の定番「ウインナーコーヒー」も、近年は「ウインナコーヒー」に変化しています。

いつの間にか変化した、カタカナの医学・科学用語

インシュリン→〔　　〕

〔答〕インスリン

膵臓《すいぞう》から分泌されるホルモンの一種で、糖尿病の治療などに用います。その綴りはinsulinで、以前は医学用語としても「インシュリン」が使われていました。ところが、2006年から医学・専門用語としては「インスリン」が使われるようになり、その後、一般にもこちらの表記が広まっています。

ネオジウム→〔　　〕

〔答〕ネオジム

希土類《きどるい》元素の一種で原子番号60。綴りは、neodymium。強い磁力をもった永久磁石を生産するためなどに利用されます。

長く「ネオジム」と「ネオジウム」を混用する状態が続いていますが、今は「ネオジム」が優勢で、将来はそちらに統一されそうな方向です。「ネオジム磁石」な

ど使います。

ハレー彗星《すいせい》→〔　　〕

〔答〕ハリー彗星

ほうきのような長い尾を引いて現れる彗星。1682年、イギリスの天文学者ハリーが、その軌道《きどう》を計算し、76年後に再び現れると予言して的中したことから、この名がつきました。

その天文学者の名はHalleyと綴り、「ハリー」が原音に近いため、世界的にはそう呼ばれています。「ハレー」は日本特有の発音といってもよく、そのことは、かねて専門家から指摘されてきたのですが、今も「ハレー」が広く使われています。

ナフタリン→〔　　〕

〔答〕ナフタレン

防虫剤や防臭剤に使われる芳香族炭化水素の一つ。かつては「ナフタリン」と呼ばれましたが、これはドイツ語由来の発音です。

近年は、英語由来の「ナフタレン」がよく使われるようになり、こちらを見出し語にする辞書が増えています。

トラホーム↓〔　　　　　〕

〔答〕トラコーマ

伝染性の慢性結膜炎。Trachomaと綴り、かつて使われていた「トラホーム」は、そのドイツ語読み。近年は、英語由来の「トラコーマ」を使うのが一般的になっています。

メンソール↓〔　　　　　〕

〔答〕メントール

ハッカの主成分で、化学的にはアルコールの一種。もとはドイツ語でMentholと綴ります。

一般には、「メンソールタバコ」や「メンソール味」など、「メンソール」も使われていますが、化学用語としては「thは夕行音で発音する」ことを原則とするため、「メントール」が正式な表記とされています。辞書の見出し語にも「メントール」が使われています。

今では言い換えが進んでいる和製英語

サラミソーセージ↓〔　　　　〕〔答〕サラミ

イタリア語では、単に「サラミ」と呼びます。ところが、かつての日本では「サラミ」だけだと、どのような食べ物かイメージしにくかったため、「サラミソーセージ」と呼ばれていました。

ただし、これはイタリア語の「サラミ」に、英語の「ソーセージ」をくっつけたおかしな言葉。今は、単に「サラミ」と呼ぶようになっています。

ウェーティング・サークル↓〔　　　　〕〔答〕ネクスト・バッターズ・サークル

野球で、次の打者が待機する場所。「ウェーティング・サークル」は和製英語で、メジャーリーグでは「ネクスト・バッターズ・サークル」と言います。しだいに言い換えが進められ、現在、野球中継では後者が使われるようになっています。

シーズンオフ→〔　　　〕

〔答〕オフシーズン

「シーズンオフ」は和製英語で、英語ではオフシーズン（off-season）。近年、マスコミなどでは、後者を使うことが増えています。

エンジン・キー→〔　　　〕

〔答〕イグニション・キー

車のエンジン点火用のキーを「エンジン・キー」と言うのは和製英語。近年は、英語と同じように「イグニション・キー」と言うことが増えています。なおイグニション（ignition）は、点火装置のことです。

ドアボーイ→〔　　　〕

〔答〕ドアマン、ドアキーパー

ホテルのドア周辺でサービスする係。「ドアボーイ」は和製英語で、英語では「ドアマン」（doorman）。「ボーイ」とは呼べない年代の人も多いことから言い換えられましたが、最近は男女平等の観点から「ドアキーパー」とも言います。

こんなに変わった！食材・料理の名前

シャンペン→〔　　　〕

〔答〕シャンパン

フランスのシャンパーニュ地方特産の発泡性ワイン。フランス語の発音は「シャンパン」に近いのですが、英語の発音は「シャンペイン」のように聞こえます。そこから、日本では、以前は「シャンペン」と呼ぶ人もいましたが、近頃はフランス語の発音に近づけて「シャンパン」にほぼ統一されています。なお、漢字では「三鞭酒」と書きます。

パエリア→〔　　　〕

〔答〕パエーリャ

スペインの炊き込みご飯。米に魚介類や野菜を加え、サフランで味つけして、炊きあげた料理です。paellaと綴り、以前は「パエリア」と呼ばれていましたが、近年はスペイン語の発音に近づけ、「パエーリャ」を見出し語にする辞書が増えました。

ウィスキー↓〔　　　〕　〔答〕ウイスキー

酒税法上の表記は、大きな「イ」を使った「ウイスキー」。また、マスコミでも「ウイスキー」と表記・発音しています。一方、一般には、小さな〝ィ〟を使って「ウィスキー」と書く人も多く、依然、表記は揺れています。

ポタージュスープ↓〔　　　〕　〔答〕ポタージュ

「ポタージュ」(potage)は、フランス語でスープという意味。つまり、「ポタージュスープ」は、〝スープスープ〟と言っているような重複表現です。日本でも、そうした事情を知る人がしだいに増えて、単に「ポタージュ」と言う人が増えています。

ゴーヤ↓〔　　　〕　〔答〕ゴーヤー

「ゴーヤ」と「ゴーヤー」が混在していますが、ＮＨＫでは「ゴーヤー」と伸ばすことに決めています。「沖縄本島では『ゴーヤー』と伸ばして使う」という沖縄放送局の意見に従ったそうです。

ところが、八重山《やえやま》地方では「ゴーヤ」と呼ぶという意見もあるなど、辞書の見出し語は依然まちまちで、まだ大勢を決したとは言えない状態です。

ココナッツ→〔　　〕

〔答〕ココナツ

熱帯で栽培されているココ椰子《やし》の実。この言葉も、促音の「ッ」を省く流れに乗り、「ココナツ」になりつつあります。ただし、「ココナッツ」が優勢ではあるものの、依然「ココナッツ」を見出し語にする辞書もあるなど、表記は揺れています。

ニョクナム→〔　　〕

〔答〕ニョクマム

ベトナム料理で使う魚醬《ぎょしょう》。ニョク（nướć）は水、マム（mắm）は魚の塩漬けという意味です。ベト〝ナム〟料理に使うためか、日本では「ニョクナム」と誤って表記・発音されることが多かったのですが、近頃は「ニョクマム」と原音に近い表記が増えました。より原音に近い「ヌックマム」も見かけます。

なお、「ナンプラー（nam plaa)」は、タイ料理で使う魚醤で、ナンは水、プラーは魚のこと。

スパゲッティー↓〔　　〕

〔答〕スパゲティ

イタリアを代表する細長いパスタ。以前は「スパゲッティー」と小さな〝ッ〟と〝ー〟が入っていましたが、近年、マスコミでは「スパゲティ」を使っています。

ただし、イタリアの小麦を練った料理の総称は「パスタ」であり、スパゲティやマカロニはその種類名。日本でも、総称としては「パスタ」への言い換えが進んでいます。

ペペロンチーニ↓〔　　〕

〔答〕ペペロンチーノ

イタリアのパスタ料理の一つ。もともと「ペペロンチーノ」は唐がらしという意味で、その複数形が「ペペロンチーニ」。日本では両方とも使われていますが、しだいに「ペペロンチーノ」が優勢になりつつあります。

デミグラスソース→〔　　〕

〔答〕ドミグラスソース

フランス料理など、西洋料理の基本的なソース。以前は、フランス語のdemi-glaceという綴りにつられて「デミグラスソース」と発音されていましたが、近年は現地の発音に近い「ドミグラスソース」と呼ばれることが増えています。

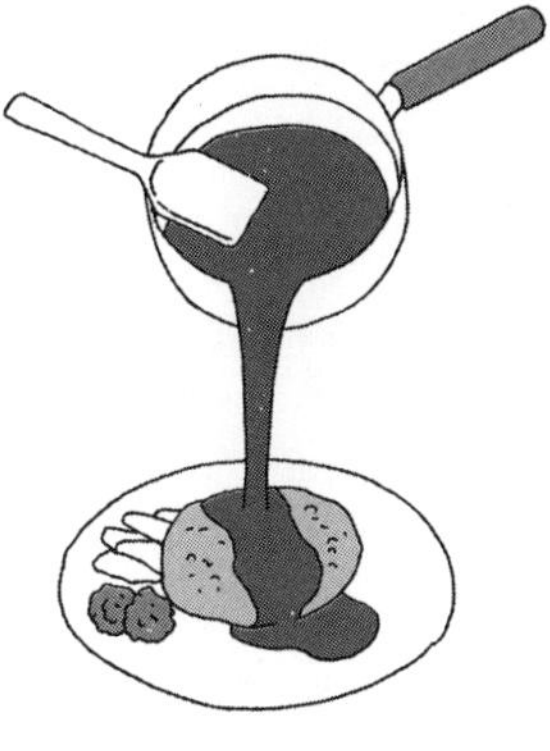

ファーストフード→〔　　　〕

〔答〕ファストフード

注文して、すぐに食べられる食品のこと。この「ファスト」は、一番を意味するfirstではなく、速いを意味するfastで、その発音は「ファスト」に近い音です。なお、「ファストファッション」（流行を取り入れつつ低価格に抑えた衣料品を大量生産し、短いサイクルで販売するブランドやその業態のこと）のほうは、なぜか最初から「ファスト」と呼ばれています。

コチジャン→〔　　　〕

〔答〕コチュジャン

韓国料理でよく使われる調味料。とくにビビンバには欠かせないため、日本でもおなじみですね。唐がらしを加えた味噌のことで、「コチュ」は唐がらし、「ジャン」は味噌などのペースト状のものという意味。

以前は「コチジャン」と呼ばれていましたが、近頃は原音に近づけて「コチュジャン」と発音・表記されるようになっています。

今どき、さすがに古くさいカタカナ語

コック→〔　　〕

〔答〕シェフ

「コック」は英語のcook、あるいはオランダ語のkokに由来し、料理人のこと。一方、「シェフ（chef）」はフランス語に由来し、もとは「頭《あたま》」という意味で、そこからコック長を意味します。

現在、日本では「コック」という言葉が敬意を含まないため、「シェフ」を使うことが多くなっています。

アベック→〔　　〕

〔答〕カップル

「アベック」は、もとはフランス語の「～とともに」という前置詞。日本では、昭和の時代には、男女の二人連れという意味でよく使われていましたが、平成の間に死語化しました。一方、「カップル」は英語由来の言葉で、同じ意味。

ビフテキ→〔　　〕

〔答〕ステーキ

「ビフテキ」は、ビーフステーキの略語。昭和の頃はご馳走の代名詞でしたが、今は単に「ステーキ」と呼びます。綴りはsteakで、英語では、肉に限らず、魚を含めて、食材を厚めに切って焼いた料理の総称。

したがって、「豆腐ステーキ」というのも、まんざら妙な表現ではありません。

ビールス→〔　　〕

〔答〕ウイルス

以前は、virusという綴りから「ビールス」と呼ばれ、50代以上の人には、理科の授業でもそのように習った人が多いはず。今はコロナウイルスをはじめ、「ウイルス」が使われています。なお、英語の発音は「バイラス」に近い音です。

ヤッケ→〔　　〕

〔答〕ウインドブレーカー

登山などに用いるフード付きの防寒・防水用上着。昔はドイツ語由来の「ヤッケ

ンドブレーカー」が主流です。
（短い上衣やジャケットの意味）」（Jacke）が使われましたが、今は英語由来の「ウィ

オーバー→〔　　　〕

〔答〕コート

「オーバー」は、オーバーコートの略。今は、その後半を使って、「コート」（coat）と略します。その訳語である「外套《がいとう》」は、ほぼ死語化しました。

シュミーズ→〔　　　〕

〔答〕スリップ、キャミソール

フランス語のchemiseが由来で、中世から着られていたという伝統ある下着です。かつては男女ともが身につける長袖タイプだったそう。現代では女性だけが身に付けますが、それは、肩紐でつって胸からひざ上までをゆるやかに覆うスタイルになっています。

しかし、昭和の時代ならともかく、令和の今、「シュミーズ」を日常的に使う人はほぼ皆無でしょう。

誤って普及したため、変わったように感じるカタカナ語

この項では、そもそもは日本人が間違って使い、その後、徐々に訂正されたため、「変わった」ような印象を受けるカタカナ語を紹介していきます。

トランジット↓〔　　　〕

〔答〕トランシット

「トランシット」は、旅客機で最終目的地に行く途中、別の空港に一時立ち寄ること。通過客を指すこともあります。

この言葉はtransitと綴り、本来の発音は「トランシット」に近いのですが、日本では「トランジット」と濁音が使われていました。その後、航空関係者の間で、原音に近い「トランシット」が使われるようになり、一般にも広まりはじめています。

ファンタジック↓〔　　　〕

〔答〕ファンタスティック

「ファンタジー（fantasy）」という言葉はありますが、それを形容詞化した「ファ

ンタジック」は和製英語。英語では、fantasticと綴り、空想的、幻想的という意味になります。

パネラー→〔　　　〕

〔答〕パネリスト

パネル・ディスカッションの討論者のこと。かつてよく使われた「パネラー」は和製英語。近頃は、英語由来の「パネリスト（panelist）」を使うことが多くなっています。

アタッシュケース→〔　　　〕

〔答〕アタッシェケース

トランク型の書類カバンのこと。attache caseと綴り、「アタッシェケース」が原音に近い音です。日本では、これまで「アタッシュケース」が広く使われてきましたが、しだいに「アタッシェケース」が正しい発音だと認識されるようになっています。

なお、「アタッシェ」はもとはフランス語で、大使館などに派遣される専門職員、武官のこと。彼らが書類を運ぶときに使ったことから、トランク型のカバンをその職名で呼ぶようになりました。

リラクゼーション→〔　　　　〕

〔答〕リラクセーション

綴りはrelaxationで、清音の「リラクセーション」が原音に近い音。広辞苑は「リラクセーション」を見出し語にしていますが、日本では長らく濁音の「リラクゼーション」が使われてきたため、今もなお、そちらを見出し語にしている辞書もあります。

意味は、心身の緊張をときほぐすこと。休養や気晴らし。

エキシビジョン→〔　　　　〕

〔答〕エキジビション

綴りはexhibitionで、近年、多くの辞書は「エキジビション」を見出し語にしています。意味は、公開演技や模範試合のこと。

ＮＨＫなどの放送局では、昔から「エキジビション」、あるいは「エキシビション」

と言っているのですが、「エキシビジョン」という人が多いのは、「ビジョン」（vision）という単語があることの影響と見られます。

ジャンバー→〔　　〕

〔答〕ジャンパー

作業着、遊び着として用いるカジュアルな上着のこと。日本では「ジャンバー」と発音する人が多いのですが、英語の綴りはjumperであり、「ジャンパー」と発音するのが正解です。

なお、ジャンプする人を意味する「ジャンパー」も、同じ綴りなのですが、なぜか、こちらを「ジャンバー」と発音する人はいないようです。

エンターテイメント→〔　　〕

〔答〕エンタテインメント

娯楽、催し・演芸といった意味。スペルはentertainment。mentの前にnがあって「エンタテインメント」が原音に近い音。多くの辞書も、それを見出し語にしています。

ホームスティ→〔　　　〕　〔答〕ホームステイ

留学生などがその国の家庭で暮らし、家族の一員として生活体験をすること。homestayと綴り、新聞社などでは「スティ」ではなく、「ステイ」と書くことにしています。

ハングライダー→〔　　　〕　〔答〕ハンググライダー

人がぶらさがって滑空《かっくう》するタイプの小型グライダー。綴りはhang gliderでgが重なります。したがって、「ハンググライダー」と「グ」を二つ重ねて表します。

ナルシスト→〔　　　〕　〔答〕ナルシシスト

自己陶酔《とうすい》型の人、うぬぼれ屋のこと。「ナルシスト」という人が多いのですが、narcissistと綴り、「シ」を二つ重ねるのが正しい表記・発音。舌を噛みそうな言葉ですが、辞書もこちらを見出し語にしています。

バレー団→〔　　〕

〔答〕バレエ団

フランス語由来の言葉で、綴りはballet。日本では「バレエ」と書くのが一般的です。なお、球技のほうは、volleyballと綴り、カタカナでは「バレーボール」と書きます。

ボンバー→〔　　〕

〔答〕ボマー

爆撃機、あるいは爆弾魔のこと。英語ではbomberと綴り、発音は「ボマー」に近い音です。

アメリカの爆弾テロリスト「ユナボマー」をご記憶でしょうか？　本名はセオドア・カジンスキーといい、1978〜95年までの間に16件の郵便小包爆弾事件を起こし、3人を死亡、22人を負傷させています。彼の場合は日本でも「ユナボマー」と呼ばれました。

日本で「ボンバー」と読まれてきたのは、ドイツ語で爆撃機のことを「ボンバー」と呼んだことに由来するという見方が有力です。

「ド」か「ト」か、揺らぎやすいカタカナ語

キャスティングボード↓〔　　　〕

〔答〕キャスティングボート

「キャスティングボートを握る」は、二つの多数派の間で賛否が分かれたとき、少数派が決定権を握るという意味。もとは、議会で賛否同数のとき、議長が投じる一票を指した言葉です。

日本人は最後の濁音が清音になりやすい傾向があるのですが、なぜか「キャスティングボート」に関しては、「ボード」と濁る人が多い言葉でもあります。綴りはcasting voteなので、「ボート」と濁らずに発音するのが正解。

キューピット↓〔　　　〕

〔答〕キューピッド

ローマ神話に登場する、翼があり弓矢をもつ裸の少年。ギリシャ神話の「エロス」に相当します。綴りはcupidなので、「キューピッド」と、最後の音を濁音にするの

が、正しい発音。

ボートセーリング→〔　　　　〕

〔答〕ボードセーリング

ウインドサーフィンのことですが、その語が商標登録されているため、NHKなどでは「ボードセーリング」に言い換えています。綴りはboardsailingなので、「ボード」と濁ります。

なお、ウインドサーフィンの「ウインド」は風のことなので、「ウインドー（窓）」と伸ばさないように。

テトラポット→〔　　　　〕

〔答〕テトラポッド

4本の足からなる波消しブロック。tetrapodと綴るので、最後は濁音になります。ただし、「テトラポッド」は登録商標であるため、NHKはもちろんのこと、ほかのマスコミでも「波消しブロック」や「消波ブロック」などの言葉に言い換えています。

ベット→〔　　〕

寝台のこと。bed と綴るので、最後の音は「ド」です。

〔答〕ベッド

カーバイト→〔　　〕

炭化物の総称。とりわけ、炭化カルシウムを指すことが多い言葉です。carbide と綴るので、これも最後の音は「ド」です。

〔答〕カーバイド

サラブレット→〔　　〕

18世紀初め頃にイギリスで、アラブ種をもとにしてつくり出された競走馬で、純血種という意味。thoroughbredと綴るので、これも最後は濁音の「ド」になります。

〔答〕サラブレッド

6章

◉例えば「化学調味料」を今は何と言う?

言い換えられて当たり前!
令和の時代、まず使わない言葉

この章で紹介するのは、20世紀には普通に使われていましたが、今は「姿を消した言葉」、あるいは「姿を消しつつある言葉」です。さて、令和の今はどう言うのか、ご存じでしょうか？〔答〕は、この章のどこかにあります。

化学調味料　ニッキ　ハッカ味　床屋

オートバイ　カメラを回す　ビデオを録る

万歩計　セスナ機　学生かばん　ふくらし粉

レコード店　居間　お勝手　白墨《はくぼく》

さすがに使わなくなった食べ物の名前

バイキング（料理）→〔　　　〕

〔答〕ビュッフェ

お客が自由に料理をとって食べる食事スタイルを「バイキング」というのは、日本独特の名。帝国ホテルが、北欧のスモーガスボードという料理スタイルと、バイキングをテーマにした映画にヒントを得て、命名した呼称です。

その後、海外旅行に出かける人が増え、現地では、その形式を「ビュッフェ」と言うことを知る日本人が多くなって、しだいに言い換えが進んできました。

メリケン粉、うどん粉→〔　　　〕

〔答〕小麦粉

小麦粉をアメリカから輸入していたことから、かつては「メリケン粉」（「American」が「メリケン」と聞こえた）と呼ばれていました。また、うどんをつくることから「うどん粉」とも言いました。今は共に死語化して「小麦粉」に統一されています。

化学調味料→〔　　　　〕

〔答〕うま味調味料

「うま味調味料」は、コンブやカツオブシなどのうま味成分を化学合成によって作ったもの。今の辞書には、「うま味調味料」を見出し語にして、「化学調味料」を旧称とするものが多くなっています。

ニッキ→〔　　　　〕

〔答〕シナモン

クスノキ科の高木「肉桂《にっけい》」の樹皮を乾燥させた香辛料のこと。主に、お菓子に用います。

以前は「ニッキ」と呼ばれていましたが、今は、シナモンロールやシナモンチョコなど、「シナモン」(cinnamon) が優勢。「ニッキ」は、「ニッキ味」や「ニッキ飴」などに、かろうじて生き残っている状態です。

ハッカ味→〔　　　　〕

〔答〕ミント味

「ハッカ」は、シソ科の多年草の名。また、その茎や葉からとる香料の名。漢字では「薄荷」と書きます。その味は、かつては「ハッカ味」と呼ばれたものですが、今は「ミント味」にほぼ言い換えられています。

ふくらし粉→〔　　　〕

〔答〕ベーキングパウダー

重曹《じゅうそう》を主成分とする膨脹剤の総称。パンやケーキ、ビスケットなどを焼くときに用います。近年「ふくらし粉」は、ほぼ死語化して「ベーキングパウダー」と呼ばれています。

さすがに使わなくなった昭和の言い回し

チャンネルを回す→〔　　　　〕

〔答〕チャンネルを変える

昭和の終わり頃からは、テレビのチャンネルはリモコンのボタンで変えるものになりました。さすがに「チャンネルを回す」は、平成の間に死語化したようです。

ブラウン管でおなじみの→〔　　　　〕

〔答〕テレビでおなじみの

今のテレビは液晶画面であり、ブラウン管は使われていません。昭和の時代には、テレビの代名詞だった「ブラウン管」も死語化しています。

ビデオを録る→〔　　　　〕

〔答〕録画する

今もビデオデッキを使っているという人は、ごく少数派に。「ハードディスク・

レコーダー(HDR)にデータ保存する」ことは、単に「録画する」というのがふさわしい表現でしょう。

巻き戻し→〔　　〕　〔答〕早戻し

これも、ビデオデッキとビデオテープを使っていた時代の言い方。今はテープを〝巻き戻す〟わけではないのですから、「早戻し」という言い方が合っています。

カメラを回す→〔　　〕　〔答〕撮影する

昔の映画撮影では、カメラに入れたフィルムが本当に回っていました。それで「カメラを回す」といったのですが、今はデジタル撮影の時代になり、これもほぼ死語。

ヒューズが飛ぶ→〔　　〕　〔答〕ブレーカーが落ちる

かつて、過大な電流が流れたときは電気回路を遮断するため、「ヒューズ」という合金が溶けて、電気が流れなくなるというシステムが使われていました。そして、一時的に〝停電〟することを「ヒューズが飛ぶ」と言っていました。

しかし、21世紀の現代にそう言うのは、いくら何でも時代遅れ。「ブレーカーが落ちる」が今風の表現でしょう。

パーマをあてる→〔　　　　　〕

〔答〕パーマをかける

昭和までは、パーマは「あてる」ものでしたが、平成の間に「かける」への言い換えが進み、今は「パーマをあてる」という言葉はほぼ死語化しています。

青写真を描く→〔　　　　　〕

〔答〕構想を描く

「青写真」は、かつての複写技術で、設計図などを青地の紙に白く焼き付けていました。当時は「青写真を描く」が、未来の構想を描くという意味で慣用句化していましたが、今は青写真自体を見かけることがなくなり、慣用句のほうもほぼ死語化しました。

さすがに使わなくなったモノの名前

オートバイ→〔　　〕

〔答〕バイク

「オートバイ」は、もとをたどれば、和製英語の「オートバイシクル」の略語。今は、単に「バイク」と呼ぶことが多くなっています。

ただし、「バイク」は英語では自転車を意味し、オートバイは英語では「モーターサイクル」(motorcycle)、「モーターバイク」(motorbike) と言います。

セスナ機→〔　　〕

〔答〕小型飛行機

「セスナ機」は、本来は固有名詞ですが、小型プロペラ機の意味で使われてきた言葉。セスナ社製のセスナ172シリーズが世界的なベストセラーとなったことから、小型プロペラ機の代名詞となりました。その後、他社製の軽飛行機が増えたこともあって、「小型飛行機」や「小型プロペラ機」への言い換えが進みました。

電飾↓〔　　　　〕

〔答〕ライトアップ

色とりどりの電灯をつけて、建物や会場などを飾ること。かつては「電飾」という言葉も使われましたが、今はほとんどの人が「ライトアップ」と言うようになっています。

学生かばん↓〔　　　　〕

〔答〕スクールバッグ

「学生かばん」は、かつて中・高校生らが使っていた革製の手さげかばんのこと。今は、多くの学校で、ボストンバッグ型のかばんが使われ、呼び名も「スクールバッグ」に変わっています。

下駄箱↓〔　　　　〕

〔答〕靴箱、シューズボックス

かつて、履物を入れる棚は「下駄箱」と呼ばれていました。しかし、今では下駄を履く人が少なくなり、「下駄箱」という言葉も死語に近づいています。

ただし、「靴箱」と言うと、靴を入れる紙製の箱のことも意味するため、「シューズボックス」というカタカナ語も見かけるようになっています。

万歩計→〔　　　〕

〔答〕歩数計

歩数を自動的に記録する装置。「万歩計」は、山佐時計計器株式会社の登録商標であるため、マスコミでは「歩数計」と言い換えています。多くの辞書も「歩数計」を見出し語にしています。

乳母車→〔　　　〕

〔答〕ベビーカー、バギー

乳児を乗せて運ぶ車。なお、ヨーロッパで生まれた乳母車をアメリカから日本に最初に持ち込んだのは、福沢諭吉とされています。

「乳母」が死語化していることもあって、「乳母車」のほうも「ベビーカー」と言い換えられました。近年は「バギー（buggy）」も、この意味で使われるようになっています。

白墨《はくぼく》→〔　　　　〕　〔答〕チョーク

「白墨」は「チョーク」への言い換えが進みましたが、「黒板」は依然、黒板と呼ばれています。

四文字熟語→〔　　　　〕　〔答〕四字熟語

今、辞書は「四字熟語」を見出し語にしています。「四文字熟語」は、間違いとは言えませんが、やや古い感じの言葉になっています。

ちり紙→〔　　　　〕　〔答〕ティッシュ

「ちり紙」は、鼻紙として使う紙。製品としても言葉としても、ほぼ「ティッシュ」にとって代わられました。ただし、「ちり紙交換」という言葉は、「古紙回収」への言い換えが進みながらも、かろうじて生き残っています。

匙《さじ》→〔　〕

〔答〕スプーン

平成の間に「スプーン」への言い換えが進行し、今、「匙」という言葉を使うのは、茶道関係の「茶匙」（茶杓《ちゃしゃく》のこと）くらいでしょう。ただし、「匙を投げる」や「匙加減」などの慣用句では、まだ「匙」という言葉が生き残っています。

汽車→〔　〕

〔答〕電車

「汽車」は本来は、蒸気で動く鉄道車両のこと。そこから、一時は、鉄道車両全般を指す言葉として使われていました。しかし、今は「電車」（本来は電気で動く車両）が鉄道車両全般を意味する言葉として使われています。

お勝手→〔　〕

〔答〕台所、キッチン

「勝手」は台所を意味し、「勝手口」「勝手向き」などと使われた言葉。今は「台所」、さらには「キッチン」と呼ぶことが多くなっています。

空飛ぶ円盤→〔　　〕
〔答〕ＵＦＯ

以前は、飛行物体の形から、「空飛ぶ円盤」と呼ばれていましたが、今は使用頻度が落ち、「ＵＦＯ」にとって代わられました。なお、「ＵＦＯ」は未確認飛行物体の略語。本来は、〝宇宙人の乗り物〟という意味ではなく、何であるか確認されていない正体不明の飛行物体をすべて表す言葉です。

雑種→〔　　〕
〔答〕ミックス

ペット業界では、「雑種」と呼ぶと価値がないように聞こえるため、２種類以上の品種の犬や猫の交配によって産まれた犬や猫のことを「ミックス」と呼んできました。それが今、一般にも徐々に浸透しています。

虫眼鏡→〔　　〕
〔答〕ルーペ

小型の拡大鏡のことですが、今は「拡大鏡」も飛び越えて、「ルーペ」と呼ぶようになりました。なお、「虫眼鏡」は、もともとは虫などを筒の中に入れて、観察するための簡易な顕微鏡のこと。それが、手持ちの拡大鏡にも流用されて、使われてきた言葉です。

居間→〔　　　　　〕

〔答〕リビング

「居間」といえば、家族が一家団らんを楽しむ部屋。その性格から、通常は玄関から遠い、比較的奥まった部屋になります。「居間」と同様に、「茶の間」という言葉も、平成の間にほとんど使われなくなりました。

銀紙→〔　　　　　〕

〔答〕アルミホイル

令和の時代に「銀紙」と呼ぶのは、かなりの年配者だけでしょう。なお、アルミホイルの「ホイル（foil）」は、金属を薄く引き延ばしたもののことで、「箔《はく》」という意味です。

床屋、散髪屋→〔　　　〕

〔答〕理髪店、理容室

前述したように「○○屋」という言い方が避けられるようになり（20頁）、「床屋」も平成の間にほぼ死語化しました。「散髪屋」も、使用頻度が落ちています。今、マスコミでは、「理髪店」や「理容室」を使っています。

レコード店→〔　　　〕

〔答〕CDショップ

「レコード店」は、平成の間に使われなくなり、「CDショップ」や「CD店」に言い換えられました。時代はさらに進んでネット配信の時代になり、国際的にはCDの使用枚数が激減していますが、日本は依然CDが生き残っている珍しい国です。

旗日《はたび》→〔　　　〕

〔答〕祝日

以前は、祝日には、門などに「日の丸」を掲げる家が多く、祝日は「旗日」とも呼ばれていました。今は、そういう家庭は減って、「旗日」という言葉もほぼ死語化しました。

襟《えり》巻《ま》き→〔　　〕

〔答〕マフラー

「襟巻き」は、江戸時代からある言葉。昭和までは一般的に使われていましたが、平成の間に「マフラー」にとって代わられました。

衣《え》紋《もん》掛《かけ》け→〔　　〕

〔答〕ハンガー

今、洋服用に「衣紋掛け」という言葉を使う人は、ほぼいなくなりました。一方、和服を吊《つ》るすものの名としては、今もかろうじて生き残っています。

縞々《しましま》のシャツ→〔　　〕

〔答〕ボーダーシャツ

昭和の頃は、「縞々の～」という言葉をよく耳にしたものですが、平成の間に「ボーダー」に言い換えられました。

7章

〝本来の意味〟を知れば使いづらくなりそうな日本語

◉例えば「さわり」は「話などの最初の部分」？

文化庁では、平成7年から毎年、「国語に関する世論調査」を行っています。この章で紹介するのは、その調査発表によって「本当はそういう意味だったのか！」と世間を驚かせるほど、違う意味で使う人が増えていた言葉です。あなたは、次の言葉の意味を、自信をもって言えますか？

まんじりともせず　噴飯物《ふんぱんもの》　やぶさかでない

さわり　敷居《しきい》が高い　なしくずし　にやける

ぞっとしない　知恵熱　煮詰まる　雨模様

天地無用　御の字　号泣《ごうきゅう》する　情けは人のためならず

間違って使う人が多かった日本語

世間ずれ

○ 世間を渡って、ずる賢くなっている
× 世の中の考えから外れている

本来の意味は「世間を渡って、ずる賢くなっている」。ところが、平成25年度の「国語に関する世論調査」では、正しく答えられた人は35・6％にとどまり、55・2％の人が「世の中の考えから外れている」、つまり世間からズレているという意味だと思っていた言葉。

なお、この言葉は、平成16年度の調査でも取り上げられていて、そのときは本来の意味に使っていた人が51・4％、本来ではない意味に使っていた人が32・4％でした。

つまり、その後の約10年間で、後者の×の意味だと思う人が20％以上も増えたことになります。

役不足

○　本人の力量に対して役目が軽すぎること
×　本人の力量に対して役目が重すぎること

この語の語源は「芝居で、役者が割り当てられた役に対して不満を抱くこと」。そこから、本来の意味は「本人の力量に対して役目が軽すぎること」。ところが、その意味だと思っている人は、41・6％にとどまり、51％の人が「本人の力量に対して役目が重すぎること」という反対の意味だと思っていた言葉。

まんじりともせず

○　眠らないで
×　じっと動かないで

本来の意味は、「眠らないで」（28・7％）。ところが、51・5％もの人が、×の「じっと動かないで」という意味だと思っていた言葉。「じっと動かないで」という意味に使う人が多いのは、「みじろぎもしない」との混同が原因とみられます。

にやける

○　なよなよしている
×　薄笑いを浮かべている

本来の意味は「なよなよしている」（14・7％）です。ところが、76・5％もの人が、×の「薄笑いを浮かべている」という意味だと思っていた言葉。漢字では「若気る」と書きます。

破天荒《はてんこう》

○　前例のないさま、未曽有《みぞう》のこと
×　豪快で大胆な様子

「前例のないさま、未曽有のこと」を意味する言葉。それなのに、その意味に使う人は、わずか16・9％で、64・2％の人が、×の「豪快で大胆な様子」という意味だと思っていた言葉。

この語は中国の故事に由来します。かつて唐《とう》の時代、官吏《かんり》登用試験の科挙《かきょ》で、荊《けい》州《しゅう》（現在の湖北省《こほくしょう》一帯）の成績が劣っていました。科挙の六科の一つで最難関の進士科の合格者が出ないことから、荊州は「文明未開の荒れ地」という意味の「天荒」と呼ばれていました。

そんななか、荊州から劉蛻《りゅうぜい》という人物が科挙に合格。劉蛻が〝天荒を破った〟ことから、「今まで誰もしていないことをなすこと」を「破天荒」というようになったのです。

憮然《ぶぜん》

○ **失望してぼんやりしている様子**
× **腹を立てている様子**

本来の意味は「失望してぼんやりしている様子」。それなのに、56・7％もの人が、×の「腹を立てている様子」だと思っていた熟語。「憮然として立ちつくしている」などと使います。

噴飯物《ふんぱんもの》

○ おかしくてたまらない
× 腹立たしくてしかたがない

本来の意味は「おかしくてたまらない」こと。ところが、そう思っていた人はわずか19・7％で、49・0％もの人が、×の「腹立たしくてしかたがない」という意味だと思っていた言葉。「噴飯」と「憤慨《ふんがい》」を混同してのことだと思われます。なお、「噴飯」とは、もとは文字通り、食べかけの飯を噴水のように噴き出すこと。

流れに棹《さお》さす

○ 傾向に乗って、勢いを増す行為をすること
× 傾向に逆らって、勢いを失わせる行為をすること

本来の意味は「傾向に乗って、勢いを増す行為をすること」（23・4％）。川船の船頭は、流れに棹《さお》をさして船を前に進めます。

そこから、「流れに棹さす」は、時代の流れを巧みに見抜いて、うまく世渡りするという意味になりました。

それなのに、59・4％もの人が、×の「傾向に逆らって、勢いを失わせる行為をすること」という意味だと思っていました。なお、「智に働けば角《かど》が立つ。情に棹させば流される」は、夏目漱石の『草枕《くさまくら》』冒頭の有名な一節です。

煮詰まる

○（議論が出尽くして）結論が出る状態になること

×（議論が行き詰まり）結論が出せない状態になること

会議などに関して「煮詰まる」というときは、本来は「（議論が出尽くして）結論が出る状態になること」（51・8％）を意味します。

ところが、平成25年度の時点ですでに、40・0％の人が「（議論が行き詰まり）結論が出せない状態になること」だと思っていた言葉。その後、こちらがさらに勢力を伸ばしている模様です。

やぶさかでない

○ 喜んでする
× 仕方なくする

本来の意味は「喜んでする」（33・8％）で、「協力を求められれば、やぶさかではない」などと使います。ところが、43・7％もの人が、×の「仕方なくする」という意味だと思っていた言葉。

この「やぶさか」、漢字では「吝嗇《りんしょく》」の「吝」を使って「吝か」と書き、物惜しみするさま、けちなことをいいます。「吝かではない」はその否定形であり、事をするにあたって努力を惜しまないという意味になります。

さわり

○ 話などの最も感動的、印象的な部分、見せ場、要点
× 話などの最初の部分

本来の意味は「話などの最も感動的、印象的な部分、見せ場、要点」で、「小説の

さわり」などと使います。義太夫節《ぎだゆうぶし》に由来する言葉で、もとは他流の節を取り入れた部分を指し、そこから一番の聞きどころを意味し、やがて今の意味が生じました。

ところが、53・3％もの人が、×の「話などの最初の部分」だと思っていた言葉。

失笑する

○ こらえきれず噴き出して笑う
× 笑いも出ないくらい呆れる

本来の意味は「こらえきれず噴き出して笑う」(27・7％)で、「場違いな振る舞いに失笑する」などと使います。ところが、60・4％もの人が、×の「笑いも出ないくらい呆《あき》れる」という意味だと思っていました。

砂を噛むよう

○ 無味乾燥《むみかんそう》でつまらない様子
× 悔しくてたまらない様子

本来の意味は「無味乾燥でつまらない様子」（32・1％）で「彼女が去ってからは砂を噛むような日々だ」などと使います。それなのに、56・9％の人が、×の「悔しくてたまらない様子」だと思っていた言葉。

その「悔しくてたまらない様子」を意味するのは、「臍《ほぞ》を噛む」や「唇を噛みしめる」で、〝噛む〟ものが違います。

敷居《しきい》が高い

○ 相手に不義理などして行きにくい

× 高級すぎたり、上品すぎたりして入りにくい

本来の意味は「相手に不義理などして行きにくい」（42・1％）。ところが、それを上回る45・6％の人が、×の「高級すぎたり、上品すぎたりして入りにくい」という意味だと思っていた言葉。

「少々不義理をしてしまってね。あの家は敷居が高いんだよ」などが、正しい使い方です。

手をこまねく

○ 何もせずに傍観《ぼうかん》していること
× 準備して待ち構える

本来の意味は「何もせずに傍観していること」（40・1％）ですが、それを上回る45・6％もの人が、×の「準備して待ち構える」という意味だと思っていた言葉。「手ぐすねをひく」と混同してのことでしょうか。なお、「こまねく」は、両腕を腕の前で組み合わせることで、漢字では「拱く」と書きます。

なしくずし

○ （借金を）少しずつ返していくこと
× （借金を）なかったことにすること

本来の意味は「少しずつ返していくこと」ですが、その意味だと思っていた人は、わずか19・5％にとどまります。65・6％もの人が、×の「なかったことにすること」という意味に使っていた言葉。

ぞっとしない

○ 面白くない
× 恐ろしくない

本来の意味は「面白くない」(22・8%)で、「ぞっとしない作品」などと使います。ところが、それをはるかに上回る56・1%もの人が、×の「恐ろしくない」という意味だと思っていた言葉。おそらく、「ぞっとする」(恐ろしい思いをするという意)の否定形と誤解してのことでしょう。

檄《げき》を飛ばす

○ 自分の主張や考えを広く世に知らせること
× 元気のない者に刺激を与えて活気づけること

本来の意味は「自分の主張や考えを広く世に知らせること」ですが、平成29年度の調査では、67・4%もの人が、×の「元気のない者に刺激を与えて活気づけること」と思っていた言葉。

ただし、その10年前の平成19年度の調査では、×の意味だと思う人が72・9％とさらに多かったので、間違った意味で使う人が少し減ってきてはいます。

姑息《こそく》

○ 一時しのぎ
× ひきょうな

本来の意味は「一時しのぎ」で、「姑息な手段」はひきょうな手段ではなく、一時しのぎの手段という意味。ところが、69・8％もの人が、×の「ひきょうな」という意味だと思っていた言葉です。

雨模様

○ 雨が降りそうな様子
× 小雨が降ったりやんだりしている様子

本来の意味は「雨が降りそうな様子」（43・3％）。ところが、それを上回る47・

5%もの人が、×の「小雨が降ったりやんだりしている様子」という意味だと思っていた言葉です。

号泣《ごうきゅう》する

○ **大声をあげて泣く**
× **激しく泣く**

「号」には「さけぶ」という訓読みがあり、本来の意味は「大声をあげて泣く」こと。正しく使えていた人は34・1%でした。一方で、48・3%の人が、×の「激しく泣く」という意味だと思っていた言葉です。

なお「声を殺して号泣する」という使い方がネットなどで散見されますが、矛盾する表現ですので、この用法は誤りです。

確信犯

○　政治的・宗教的な確信に基づいて行う犯罪（者）
×　悪いこととは知りつつ、行う犯罪（者）

本来の意味は「政治的・宗教的な確信に基づいて行う犯罪（者）」であり、具体的には、思想犯や政治犯を指す言葉です。ところが、そう答えたのはわずか17・0％にすぎず、その4倍以上の69・4％もの人が、×の「悪いこととは知りつつ、行う犯罪（者）」と思っていた言葉。

近年では、一部の辞書は、×の意味の慣用化を認め、前者から派生した意味として記載しています。

割愛する

○　惜しいと思うものを手放す
×　不必要なものを切り捨てる

「愛しむ」で「おしむ」と読み、本来の意味は「惜しいと思うものを手放す」こと。

ところが、そう思っていたのはわずか17・6％で、それをはるかに上回る65・1％もの人が、×の「不必要なものを切り捨てる」という意味だと思っていた言葉。

「紙数の都合で割愛した作品も多い」などと使います。

御の字

○ **大いにありがたい**
× **一応、納得できる**

本来の意味は「大いにありがたい」（36・6％）ですが、49・9％もの人が、×の「一応、納得できる」という意味だと思っていた言葉。

「御の字」は、江戸初期に生まれた言葉で、もともと「御所《ごしょ》」「御物《ぎょぶつ》」など、帝や貴人に関係するものに「御」の字をつけていたことから、「御」は「ありがたいもの」「すばらしいもの」を意味する接頭字になりました。

そこから、「御の字をつけたくなるほど、ありがたい、喜ばしい」ものという意味で、この言葉が生まれました。

うがった見方をする

○　物事の本質をとらえた見方をする
×　疑ってかかるような見方をする

本来の意味は「物事の本質をとらえた見方をする」（26・4％）。ところが、48・2％の人が、×の「疑ってかかるような見方をする」という意味に使っていた言葉。有名なニュースキャスターが間違った意味に使っていて、謝罪（弁解？）したこともある言葉です。

正しく使う人と間違って使う人が、ほぼ同数の日本語

おもむろに

○ ゆっくりと
× 不意に

本来の意味は「ゆっくりと」（44・5％）。漢字では、「徐々に」の「徐」の字を使って「徐に」と書きます。それなのに、40・8％の人が、×の「不意に」という意味だと思っていた言葉。

情けは人のためならず

○ 人に情けをかけておくと、めぐりめぐって結局は自分のためになる
× 人に情けをかけて助けることは、結局はその人のためにならない

本来の意味は「人に情けをかけておくと、めぐりめぐって結局は自分のためにな

る」（45・8％）。

ところが、45・7％の人が、×の「人に情けをかけて助けることは、結局はその人のためにならない」という意味に使っていた言葉。

枯れ木も山のにぎわい

○ つまらないものでも無いよりはまし

× 人が集まればにぎやかになる

本来の意味は「つまらないものでも無いよりはまし」（37・6％）。ところが、47・2％の人が、×の「人が集まればにぎやかになる」という意味だと思っていた言葉。

「人が集まればにぎやかになる」という意味にとってしまうと「枯れ木も山のにぎわいですから、ぜひパーティーに来てください」などと、たいへん失礼な物の言い方になってしまいます。

本来は、参加者が謙遜《けんそん》の気持ちを表したいときに「枯れ木も山のにぎわいと言いますから、ぜひ私も参加させてください」などと使います。

琴線《きんせん》に触れる

○ **感動や共鳴を与えること**

× **怒りを買ってしまうこと**

本来の意味は「感動や共鳴を与えること」（38・8％）ですが、31・2％の人が、×の「怒りを買ってしまうこと」と誤解していた言葉。「琴線」は、外界の事物に触れてさまざまな思いを引き起こす心の動きを、琴の糸にたとえた言葉で、「琴線に触れる言葉」などと使います。

気が置けない

○ **相手に対して気配りや遠慮をしなくてよい**

× **相手に対して気配りや遠慮をしなければならない**

本来の意味は「相手に対して気配りや遠慮をしなくてよい」（42・7％）ですが、47・6％の人が、まったく逆の意味だと思っていた言葉です。「気が置けない友人が欲しい」などと使います。

さすがに、正しい意味で使う人が多かった日本語

奇特《きとく》

○ **優れていて、褒《ほ》めるに値するさま**
× **奇妙で珍しいこと**

本来の意味は「優れていて、褒めるに値するさま」(49・9%)ですが、29・7%の人が、×の「奇妙で珍しいこと」という意味に使っていました。

小春日和《こはるびより》

○ **初冬の頃の穏やかで暖かな天気**
× **春先の頃の穏やかで暖かな天気**

本来の意味は「初冬の頃の穏やかで暖かな天気」(51・7%)ですが、41・7%の人が、×の「春先の頃の穏やかで暖かな天気」という意味に使っていた言葉。

潮時《しおどき》

○ ちょうどいい時期
× ものごとの終わり

本来は、「ちょうどいい時期」（60・0％）という意味ですが、36・1％の人が、×の「ものごとの終わり」という意味だと思っていた言葉。

すべからく

○ 「当然」「ぜひとも」
× 「すべて」「みな」

本来の意味は「当然」「ぜひとも」（41・2％）ですが、38・5％の人が、×の「すべて」「みな」だと思っていた言葉。「すべて」と混同してのこととみられます。

なお、「すべからく」は「すべからく〜べし」の形で「当然のこととして〜すべき」という意味をつくります。したがって「学生はすべからく勉強すべきである」は「学生は当然、勉強すべきである」という意味で、「すべて」という意味はありません。

他山《たざん》の石

○ **他人の誤った言行も自分の行いの参考となる**

× **他人のよい言行は自分の手本となる**

本来の意味は「他人の誤った言行も自分の行いの参考となる」（30・8％）。ところが、22・6％の人が、×の「他人のよい言行は自分の手本となる」という意味に使っていました。

知恵熱

○ **乳幼児期に突然起こることのある発熱**

× **深く考えたり頭を使ったりした後の発熱**

本来の意味は「乳幼児期に突然起こることのある発熱」で、正しく認識していた人は45・6％ですが、40・2％の人が、×の「深く考えたり頭を使ったりした後の発熱」という意味に使っていた言葉。

昔は、乳幼児期の発熱と知能の発達が関係していると見られていたところから、この「知恵熱」という言葉が生まれました。

天地無用

○ **上下を逆にしてはいけない**
× **上下を気にしないでいい**

本来は「上下を逆にしてはいけない」(55・5%)という意味で、段ボール箱などに「天地無用」と書かれているのは、「ひっくり返さないでください」という意味。ところが、29・2%の人が、×の「上下を気にしないでいい」という逆の意味だと思っていた言葉です。

天に唾《つば》する

○ **人に害を与えようとして自分に返ってくるような行為をすること**
× **自分より上位に立つような存在を、冒《おか》し汚すような行為をすること**

本来の意味は「人に害を与えようとして自分に返ってくるような行為をすること」

（63・5％）で、「～するとは、天に唾する行為だ」などという形でよく使います。ところが、22・0％の人が、×の「自分より上位に立つような存在を、冒し汚すような行為をすること」という意味に使っていた言葉。

煮え湯を飲まされる

○ 信頼していた人から裏切られる

× 敵からひどい目にあわされる

本来の意味は「信頼していた人から裏切られる」（64・3％）。一方、×の「敵からひどい目にあわされる」という意味だと思っていた人は23・9％でした。

8章

◉例えば「振りまく」のは、愛想か愛嬌か?

正しいはずが、近ごろ〝誤用〟になりつつある言い回し

文化庁の「国語に関する世論調査」では、〝言い間違い〟についても調べています。以下は、間違った形で使う人が増え、現実的には変わりはじめているといってもよさそうな言葉です。

あなたは、どちらが本来の表現かわかりますか？　なお、正解はすべて後ろのほうです。

「上や下への大騒ぎ」と「上を下への大騒ぎ」

「押しも押されぬ」と「押しも押されもせぬ」

「眉《まゆ》をしかめる」と「眉をひそめる」

「愛想《あいそ》を振りまく」と「愛嬌《あいきょう》を振りまく」

間違って使う人が多くなった言い回し

声をあらげる と 声をあららげる

「荒らげる」と書き、本来は「あららげる」と読みます。言うまでもなく「声を荒らげる」は、「度を越して激しい声で言う」という意味です。

調査では、8割に当たる79・9％もの人が、×の「あらげる」を使うと答えた言葉でした。

寸暇《すんか》を惜《お》しまず と 寸暇を惜しんで

本来は「寸暇を惜しんで」（28・1％）ですが、57・2％の人が×の「寸暇を惜しまず」を使っていると答えた言葉。「寸暇」の意味は、ほんの少しの空き時間。「寸暇を惜しまず（惜しまない）」では、逆の意味になってしまいます。「寸暇を惜しんで勉強する」などと使います。

いやがおうにも と いやがうえにも

本来は「いやがうえにも」（34・9％）ですが、42・2％の人が、×の「いやがおうにも」を使っていた言葉。意味は、なおその上に、いよいよで、「いやがうえにも盛り上がった」が定番の使い方です。漢字では「弥が上にも」と書き、「嫌が上にも」と書くのは間違い。

上や下への大騒ぎ と 上を下への大騒ぎ

本来は「上を下への大騒ぎ」（22・5％）ですが、じつにその3倍近い60・8％の人が、×の「上や下への大騒ぎ」を使っていた言葉。上のものが下に、下のものが上になるという意味から、入り乱れて混乱するさまを表します。

天地天命に誓って と 天地神明《しんめい》に誓って

「天地神明に誓って」（32・1％）が正しい形ですが、それをはるかに上回る53・

7%の人が「天地天命に誓って」と誤って使っていた言葉。「天地神明」は天地の神々、すべての神々という意味。〝天地天命〟では意味が成立しません。

足元をすくわれる と 足をすくわれる

本来は「足をすくわれる」（26・3%）ですが、64・4%の人が、×の「足元をすくわれる」を使っていた言葉。「足元を見られる」（弱点につけ込まれる）と混同しやすいからでしょうか。

意味は、卑劣《ひれつ》なやりかたで失敗させられること。「ライバルに足をすくわれる」などと使います。

存亡《そんぼう》の危機 と 存亡の機

「存亡の機」（6・6%）が本来の形なのですが、今では83・0%もの人が、×の「存亡の危機」を使っている言葉。意味は、存続するか滅亡するかのひじょうに重大な局面のことで、「存亡の秋《とき》」と同じ意味です。

的を得る と 的を射る

本来は「的を射る」ですが、平成15年度の調査では54・3%の人が、×の「的を得る」を使っていた言葉。意味は、的をうまく射ることから、物事の要点を確実にとらえること。「的を射た意見」などと使います。

しかし、「的を得る」を長年「誤り」としてきた三省堂国語辞典が第7版で、普通の慣用句として収録しています。つまり、「的を得る」は誤用とは言えなくなっているのです。

一つ返事 と 二つ返事

本来は「二つ返事」(42・9%)ですが、46・4%の人が、×の「一つ返事」を使っていた言葉。この「二つ」は「次」という意味であり、相手の問いかけに次いで、すぐに返事をすること。つまり、ためらうことなく、快《こころよ》く承諾する場合に使います。「二つ返事で引き受ける」が定番の使い方です。

押しも押されぬ　と　押しも押されもせぬ

本来は「押しも押されもせぬ」（41・5%）ですが、48・3%の人が、×の「押しも押されぬ」を使っていた言葉。意味は、実力があり、堂々としているさま。「押しも押されもせぬ実力者」などと使います。

怒り心頭《しんとう》に達する　と　怒り心頭に発《はっ》する

本来は「怒り心頭に発する」（23・6%）ですが、67・1%の人が、×の「怒り心頭に達する」を使っていた言葉。意味は、激しく怒るさま。「あまりの無礼さに、怒り心頭に発する」などと使います。

口先三寸　と　舌先三寸

本来は「舌先三寸」（23・3%）ですが、56・7%の人が、×の「口先三寸」を使っていた言葉。意味は、口先だけで、うまく人をあしらう弁舌。

采配《さいはい》を振るう と 采配を振る

本来は「采配を振る」（32・2％）ですが、56・9％の人が、×の「采配を振るう」を使っていた言葉。

「采配」は、かつて戦場で、大将が指揮するために振った道具のことで、「采配を振る」は、陣頭に立って指揮するという意味。「社長みずから、采配を振る」などと使います。

目覚めが悪い と 寝覚めが悪い

本来は「寝覚めが悪い」（37・1％）ですが、57・9％の人が、×の「目覚めが悪い」を使っていた言葉。

意味は、寝起きの気分や体調がすぐれないこと。そこから、過去の行為を思い出し、良心がいたむこと。「昔、彼にした仕打ちを思い出すと、どうも寝覚めが悪い」などと使います。

間が持たない　と　間が持てない

本来は「間が持てない」（29・3％）ですが、その倍以上の61・3％もの人が、×の「間が持たない」を使っていた言葉。意味は、することや話題がなくなって時間を持て余すことです。

じつは「間」という言葉にはさまざまな意味があります。この場合の「間」は、「何かと何かの間に挟まれた時間」を表しており、その時間を自分のものにすることができないという意味から「間が持てない」という表現になるわけです。

「無《ぶ》愛想《あいそう》な相手で、間が持てない」などと使います。

正しく使う人と間違って使う人が、ほぼ同数の言い回し

溜飲《りゅういん》を晴らす　と　溜飲を下げる

本来は「溜飲を下げる」（37・4％）ですが、それに近い32・9％の人が、×の「溜飲を晴らす」を使っていた言葉。「溜飲」は、胃の消化作用が低下し、酸性の胃液がのどに上がってきたり、胸焼けがしたりすることを意味します。

意味は、不平・不満が解消して、気分がすっきりすることで、「久しぶりに勝利して溜飲を下げる」などと使います。「溜飲が下がる」ともいいます。

愛想《あいそ》を振りまく　と　愛嬌《あいきょう》を振りまく

本来は「愛嬌を振りまく」（49・1％）ですが、42・7％の人が、×の「愛想を振りまく」を使っていた言葉。意味は、周囲のみんなに対して、明るくにこやかな態度をとること。

眉《まゆ》をしかめる と 眉をひそめる

本来は「眉をひそめる」（44・5％）ですが、同数の44・5％の人が、×の「眉をしかめる」を使っていた言葉。「眉をひそめる」とは、人の嫌な行為を不快に思い、眉のあたりに、しわを寄せること。「あまりの強弁ぶりに、周囲は眉をひそめている」などと使います。

取りつく暇がない と 取りつく島がない

本来は「取りつく島がない」（47・8％）ですが、41・6％の人が、×の「取りつく暇がない」を使っていた言葉。意味は、つっけんどんで、相手をかえりみる態度が見られないさま。「取りつく島がない態度」などと用います。

なお、「島」は周囲を水で囲まれた陸地のことですが、その「島」がなぜ頼るべき場所という意味になるのかというと、航海中の人にとって、海の上に出ている島は、最も頼りとすべき場所だからです。「取りつく島がない」は「頼りとすべき島がない」と覚えれば、間違うこともないでしょう。

食指《しょくし》をそそられる と 食指が動く

「食指」とは人さし指のこと。本来は「食指が動く」（38・1％）が正しい言い回しですが、31・4％の人が、×の「食指をそそられる」の意味で使っていた言葉。意味は、食欲が起こる、興味や関心をもつこと。「契約条件を聞き、思わず食指が動く」などと使います。

「食指が動く」は、中国の故事に由来します。鄭《てい》の子公が霊公を訪ねる途中で、自分の人さし指が動いたのを見て、同行者に「ご馳走にありつける前兆だ」と言ったという話がルーツです。

そこから「食指」は人さし指の意味に、「食指が動く」は食欲が起こる意味となり、さらに、興味や関心をもつという意味になりました。

雪辱《せつじょく》を晴らす と 雪辱を果たす

本来は「雪辱を果たす」（43・3％）ですが、43・9％の人が、×の「雪辱を晴らす」を使っていた言葉。意味は、恥を雪《そそ》ぐこと。とくに、前に負けた相手に勝って、名誉を取り戻すことです。「去年の大会で惜しくも敗れた相手に、雪辱を果たした」などと使います。

お目にかなう と お眼鏡《めがね》にかなう

本来は「お眼鏡にかなう」（45・1％）ですが、39・5％の人が、×の「お目にかなう」を使っていた言葉。意味は、目上の人に気に入られたり評価されたりすることで、「社長のお眼鏡にかなう」などと使います。

噛《か》んで含むように と 噛んで含めるように

本来は「噛んで含めるように」（43・6％）ですが、39・7％の人が、×の「噛んで含むように」を使っていた言葉。

もともとの意味は、親が食物を噛んでやわらかくして、子供の口に含ませること。そこから、よくわかるように丁寧に説明することを意味し、「噛んで含めるように言い聞かせる」などと使います。

今のところ、正しく使う人が多かった言い回し

舌の先の乾かぬうちに　と　舌の根の乾かぬうちに

正しくは「舌の根の乾かぬうちに」（60・4％）ですが、24・4％の人が×の「舌の先の乾かぬうちに」と誤用していた言葉。意味は、その言葉を言い終わるか終わらないうちに。「舌の根の乾かぬうちに、前言をひるがえす」などと使います。

論戦を張る　と　論陣を張る

本来は「論陣を張る」（44・0％）ですが、29・5％の人が、×の「論戦を張る」と誤用していた言葉。意味は、論理を組み立て、議論を展開すること。以前の調査では、「論戦を張る」を使う人のほうが多かったのですが、本来の使い方をする人が増えてきた言葉です。

白羽《しらは》の矢が当たる と 白羽の矢が立つ

本来は「白羽の矢が立つ」(75・5%)ですが、15・1%の人が、×の「白羽の矢が当たる」を使っていた言葉。人身御供《ひとみごくう》を求める神が、望む少女の家に白羽の矢を立てたという伝説に由来し、意味は、多くの人のなかから選び出されること。「候補者として白羽の矢が立つ」などと使います。

口を濁《にご》す と 言葉を濁す

本来は「言葉を濁す」(74・3%)ですが、17・5%の人が、×の「口を濁す」を使っていた言葉。意味は、はっきり言わないで曖昧《あいまい》に言うことで「質問しても、彼は言葉を濁すばかりだった」などと使います。

そうは問屋《とんや》が許さない と そうは問屋が卸《おろ》さない

本来は「そうは問屋が卸さない」(70・4%)ですが、23・6%の人が、×の「そうは問屋が許さない」を使っていた言葉。もともと、「そんな安値では問屋が卸さないこと」を意味し、そこから、思い通りになるものではないことを表します。

青田刈《あおたが》りと青田買い

本来は「青田買い」（47・4%）ですが、平成26年度の調査では、31・9%の人が、×の「青田刈り」を使っていた言葉。ただし、その10年前の平成16年度の調査では、「青田買い」という人は29・1%だったので、正しく使う人が急増しています。もとの意味は、稲の収穫前に、その田の収穫量を見越して、先買いすること。そこから、今では、もっぱら企業が学生を早い時期に採用することを意味します。

熱にうなされると熱にうかされる

本来は「熱にうかされる」（57・2%）ですが、27・1%の人が、×の「熱にうなされる」を使っていた言葉。以前の調査では、48・3%もの人が誤っていた言葉でしたが、その後、日本語の誤用に関する本に頻繁に掲載され、間違いと知る人が増えて、誤用者が減った模様。

「熱にうかされる」は、もとは、病気で高熱のため、うわごとを言うこと。そこから、夢中になって見境がなくなるという意味で使われるようになりました。

天下の宝刀 と 伝家《でんか》の宝刀

本来は「伝家の宝刀」（54・6％）ですが、31・7％の人が、×の「天下の宝刀」を使っていた言葉。もともとの意味は、家に伝わる名刀、大切な刀。そこから、いざというときに使う、とっておきの手段を意味し、「ついに伝家の宝刀を抜く」などと用います。

のべつくまなし と のべつまくなし

漢字では「のべつ幕無し」と書き、「のべつまくなし」（42・8％）が正しい表現となります。それなのに、32・1％の人が、×の「のべつくまなし」を使っていた言葉。

「のべつ」は「絶え間なく」「ひっきりなしに」という意味で、芝居で、幕を引かずに演技を続けることに由来します。「のべつまくなししゃべっている」などと使います。

物議《ぶつぎ》を呼ぶ と 物議を醸《かも》す

本来は「物議を醸す」（58・0％）ですが、21・7％の人が、×の「物議を呼ぶ」と使っていた言葉。意味は、世間に議論を引き起こすことで、「物議を醸す発言」などと用います。

なお、「物議を醸し出す」はよくある誤用。「雰囲気を醸し出す」は○。

古式ゆたかに と 古式ゆかしく

本来は「古式ゆかしく」(67・3%)ですが、15・2%の人が、×の「古式ゆたかに」を使っていた言葉。古くから伝わっている方法にのっとって、という意味です。「儀式が古式ゆかしく執り行われる」などと使います。

心血《しんけつ》を傾ける と 心血を注ぐ

本来は「心血を注ぐ」(64・6%)ですが、13・3%の人が、×の「心血を傾ける」を使っていた言葉。「血」は「体」の代名詞であり、「傾け」ても意味が成立しません。意味は、心と体のすべてを尽くして、何かを行うこと。「心血を注いだ作品」などと使います。

KAWADE
夢文庫

その言葉、もう使われていませんよ

二〇二一年三月三〇日　初版発行

著　者……日本語倶楽部［編］

企画・編集……夢の設計社
東京都新宿区山吹町二六一〒162-0801
☎〇三—三二六七—七八五一（編集）

発行者……小野寺優

発行所……河出書房新社
東京都渋谷区千駄ヶ谷二—三二—二〒151-0051
☎〇三—三四〇四—一二〇一（営業）
http://www.kawade.co.jp/

装　幀……こやまたかこ

印刷・製本……中央精版印刷株式会社

DTP……イールプランニング

Printed in Japan ISBN978-4-309-48560-7

………あなただけの"夢の時間"を創りだす………

KAWADE 夢文庫シリーズ

名画の暗号を解く本
キャンバスが語る驚きのメッセージ

歴史の謎を探る会［編］

画家の真の意図は何か？明かされる新事実とは？名画の「？」が解消され、アートの不思議が身近になる！

[K1139]

島田秀平のみるみる幸せ手相占い

島田秀平

恋愛、お金、仕事…の悩みを解決するカギは「手のひら」にあった！知れば運命が変わる超ハッピー手相術。

[K1140]

世界史を動かしたフェイクニュース

宮崎正勝

「パックス・ロマーナ」はウソ?!大航海時代はデマで始まった…歴史を変えた虚報から見えてくるものとは。

[K1141]

一番わかりやすい天気と気象の新知識

弓木春奈

線状降水帯、スーパー台風、超熱帯夜、ドカ雪…天気予報を理解して、危険から身を守るための虎の巻！

[K1142]

誰にも覚えがある体のおかしな反応の正体

博学こだわり倶楽部［編］

なぜ、舌を引っ張ると「しゃっくり」は止まる?寝すぎるとダルくなるのは?人体のミステリーの謎を解く！

[K1143]

1日10分の奇跡！脳活特効ドリル

児玉光雄

ど忘れ・もの忘れ・認知症を予防するユニークな問題の数々。毎日10分取り組めば、脳がみるみる若返る！

[K1144]